日本列島祈りの旅2

# クナト姫物語

天外伺朗

クナト姫と一族の封印が解けたとき、雲越しに輝く太陽を見る著者の右手に指輪のように光が映った―(P118)

ナチュラルスピリット

島根の潜戸（くけど）のトンネルの中でのパイプセレモニー（P164）

トンネルの通路で舞う大村憲子さん（P170）

ほら貝をふく口羽和尚（P169）

# クナト姫物語

日本列島祈りの旅2

# プロローグ

昔々……そう、まだこの地の人々に、歴史という概念が生まれるより前に……

そして……大和王朝に滅ぼされた出雲王朝が栄えた時代よりも、さらに遡って……

龍を愛する美しい姫とその一族が、島根の海岸で非業の死を遂げたという……。

その悲劇が……人々の記憶からも、伝承からも失われて、はるかに久しい。

しかしながら……死者の怨念が封印されたその場所は、穢れ地として知られていたようだ。

いまでは「賽の河原」という、不吉な名前で呼ばれている。

ごく最近……やはり龍を愛する巫女体質のひとりの女性の口から、
おどろおどろしい、この悲劇の片鱗が語られた。
これは……時空を超えて、
いずこからともなく情報を降ろす、チャネリングと呼ばれる神秘的な現象だ。
その断片的なチャネリング情報を骨子に……想像の肉付けと創造の色付けを施して、
「クナト姫のものがたり」という一風変わった小説が生まれた。

太古の昔に起きたであろう悲劇が、できうる最大限の推定により再現されたのだ。

それが本書の前半で語られる。


私たちは……当初は出雲族の供養を計画していたのだが、このチャネリング情報が降ろされたことを受けて、急遽クナト姫とその一族の供養を行うことになった。

3000年以上にわたって封印されていたクナト姫たちの、救いようもない、激しい怒りと悲しみに満ちた怨念が……

2016年に実行された供養の儀式で、首尾よく解放されていった。

翌2017年には……虐殺したサイドに対する供養の儀式が営まれた。

本書の後半では……その、とても生々しい、迫真のドキュメンタリーが語られる。


はるかな時を超えて……

この日本列島の上で展開された、あの世とこの世をめぐる壮大な叙事詩を、フィクションとノンフィクションを織り交ぜてお届けする。


お楽しみいただけたら幸いだ。

# 目次

# クナト姫のものがたり

## 1

いつの間に変わったのか、
ついいましがたまでキラキラと、
美しく青色に輝いていた海の色が、
どんよりと陰鬱に沈んでいる。
唐突に風が吹き、埃が舞い、
太陽が陰った。

クナト姫は焦っていた……。

くるぶしまでの白い衣装をまとい、頭には黄金の冠。冠の中央には翡翠が輝き、その周りを放射状の突起が取り巻いており、光線を表しているようだった。一番上の三本の突起はかなり長く、先端に丸がついていた。この冠はクナト姫が特別な存在であることを物語っていた。

しかしながら、かつては豪華であったであろう襞の多い白い衣装は薄汚れ、黄金の冠とはおおよそ似つかわしくない、草で編んだ粗末な帯を腰に巻いていた。

海岸から石ころの坂が立ち上がり、途中はかなり幅が広くなっているが、上に行くと洞窟に吸い込まれている。

中腹より少し上に石の舞台があり、その上にクナト姫がひとり、海を向いて立っている。つい今しがた、とてもよく通る声で歌い、優雅で美しい奉納舞を舞い終えたばかりだ。いまは干潮なので、狭い入り江の下の方まで地面が露出している。両側は切り立った崖だ。

このあたり一帯は、ずっと後の大和王朝の時代に「潜戸（くけど）」と名付けられ、石ころの坂は、この先「賽の河原」と呼ばれるようになる。いずれも、この頃にはまだ名前がなかった。

クナト姫は典型的な美女系だ。顔は小さく楕円形で色白。どちらかというとのっぺりしている。背は低いが、ぽっちゃりと小太りだ。いつもは強い光芒を放っている二重の大きな目が、今日はなぜか焦点が定まらない。

舞台のすぐ下には、大柄で屈強な男が跪いている。カングウン族の族長、タカだ。タカのほうは、頬骨も眼窩も発達して彫が深く、髭が濃く、骨ばった大きな顔で色黒だ。服も楮《こうぞ》の皮をなめしたごわごわした造りの上着と魚の皮を継いだズボンだ。おそらく、布を織るという文化がまだ発達していない民族なのだろう。明らかに二人は民族的にも文化的にも遠く離れている。

タカの後ろには、200人くらいの男たちが、やはり跪いている。皆、タカと同じように彫が深く、体格もいい。服装も同じだ。楮の服は鎧にも見える。腰には石の斧や棍棒をぶら下げ、あるいは背中に矢筒を背負い、弓を持った者もいる。皆、戦いの出で立ちだ。

静寂が支配している。

風が強まり、海には白波が立ってきた。

クナト姫の額には、脂汗が数粒浮かんでいる。

唇がかすかに動いているのは、祈っているのだろう。

……どうしたのだろう。いつもと違う……

クナト姫の頭の中には、いろいろな言葉が浮かび、祈りに集中できない。

……どうして繋がれないのだろうか……

ここは、カングウン族の祈りの場だ。シャーマンが「アラハバキ」の女神に繋がり、そのご宣託をおろす。前のシャーマンのオババが亡くなった後、カングウン族の女の中にはチャネリング能力のある者がいなくなり、仕方なくまったくの異民族のクナト姫がその役を担っている。

戦争や居住場所の移動などの重大なデシジョンをしなければいけない時、ここに集まり、「アラハバキ」のご宣託を聞く。誰かが重病や大怪我をしたときもシャーマンが頼りにされるが、それはこの場所ではなく、病人のもとで祈る。

クナト姫は異民族であるにもかかわらず、もう三年以上このシャーマンの重責を立派に果たしてきた。重病人が何人救われたかわからない。

カングウン族の族長はタカだが、そのタカもクナト姫には頭が上がらない。何しろ「アラハバキ」の女神と直接お話ができ、病気を治し、シャーマンとしての力を持っているのはクナト姫しかいないのだ。

にもかかわらず、今日に限っては、

どうしても「アラハバキ」と繋がることができない。

焦れば焦るほど、近づけない感じだ。

……誰かが私の邪魔をしている！……

クナト姫は自分と「アラハバキ」の間に
全く違うエネルギーが流れているのを感じた。

……誰かいる、ごく近くだ！……

タカが顔を上げた。異変を感じたからだ。
200余人の兵士たちにも苛立ちが広がり、ざわざわした雰囲気になってきた。
こんなに長い時間、ご宣託が降りてこないことはいまだかってなかった。
重苦しい空気が支配している。
それでもまだ誰も声を発することはない。

祈りの場は、かろうじて保たれていた。

「……お前は裏切り者だ……」

クナト姫の頭の中に突然、聞き覚えのある声が響いた。

「アラハバキ」の声ではない。

……オオババ様だ。すぐ近くにいる……

# 2

オオババ様というのは、クナト姫が生まれ育ったイメルレラ族の女性シャーマンで、大長老だ。もう何百年も生きている、といわれている。霊力はずば抜けて強い。ほとんどが小柄なイメルレラ族の中にあって、例外的に体が大きく、がっしりしている。髪の毛は真っ白で腰まで長い。何百年も生きている老女のはずなのに、皮膚の張りはよく、つやつやしている。まだ生理がある、と噂されている。

クナト姫は、生まれてすぐにオオババ様に目を付けられ、シャーマンとしての厳しいトレーニングを受けてきた。ときにそれは、命が危うくなるほど激しいトレーニングだった。だが、オオババ様は、厳しいだけではなく愛情も豊かだった。生まれた時に母親を失ったクナト姫にとっては親代わりであり、師匠であり、壁のように大きな存在だった。

イメルレラ族は、女系社会であり、家も子どもも母親に属していた。排卵日に発情した女性が手近の男性と交わる風習のため、夫婦とか父親とかいう概念はなかった。力仕事が必要なため、男の同居人は歓迎された。だから男は家から家へさすらうことができた。同じ家に長い期間逗留することはあったが、家主は必ずしもその男と交わるわけではなかった。複数の男が同居していることも多かった。排卵日のお相手以外は、男は戦争のための兵士と力仕事のための奴隷という扱いだった。

この頃は出産で命を落とす女性が多かった。クナト姫のように母親が亡くなると、女性長老の家に引き取られるのが普通だが、とりわけ優れた子どもはオオババ様が目をつけて自ら育てた。


クナト姫は、幼少期に蛇を飼っていた。誰にも見つからぬように、納屋でこっそりと蛇を育てていたのだ。だが、千里眼のオオババ様の目を免れることはできなかった。蛇は殺され、クナト姫はこっぴどく叱責され、鞭で打たれた。三日間は痛さで泣いた。もう三日間は悲しみと寂しさで泣いた。

イメルレラ族のトーテムは「鳥」であり、「蛇」は天敵だった。蛇は見つけ次第殺さなければいけない、という部族の掟があった。蛇を飼うなどという行為は、重大な掟違反なのだ。

クナト姫はその後、蛇を飼うことはあきらめざるを得なかった。だが、蛇に魅せられた気持ちはどうしようもなかった。蛇を見つけると、あたりに人がいないことを見計らって、そっと触ってみた。蛇の方も不思議にクナト姫によくなついた。本来なら蛇は殺さなくてはいけないので、これは重大な掟違反だったが、幸いにも誰にも見とがめられることはなかった。

だが、シャーマンの力がつくにしたがって、こそこそ触る必要がなくなってきた。蛇と対話ができるようになってきたからだ。最初は、すぐそばにいるときだけだったが、次第に目に見えないくらい離れていても存在がわかり、対話ができるようになった。対話といっても内容はなく、挨拶を交わすのがせいぜいだ。しかしながら、蛇と心が通っているという実感はあり、とても癒された。

　生理が始まってしばらくすると、龍が見えるようになった。一般の人には龍は見えない。エネルギー体なので、普通の視覚ではとらえきれないのだ。蛇と龍は、エネルギー的に一体であり、ひとつの大きな生命体の世界を作っていることがわかった。クナト姫は本能的に自分もその世界の一部だ、と感じていた。その証拠に、龍を見ると至福感が体の中からこみあげてくる。〝ああ、この大きな生命体の世界が自分の故郷なのだ〟、クナト姫はため息をついた。

　ところが、オオババ様が近くにいると龍は絶対に姿を見せない。龍は、天敵の鳥族の大長老であるオオババ様が苦手のようだった。

　クナト姫は、次第に部落の中にいるよりも、ひとりで自然の中で過ごす時間が増えていった。


　イメルレラ族では男性の地位が低く、長老は全員女性だ。族長経験者もいた。その長老集団をオオババ様が取りまとめていた。長老たちは、祈りのほかに病気の治療や大きなもめごとの調停は直接担当していたが、部族の日常的な政治は族長に任されていた。族長も女性で、若いシャーマンだった。誰を族長にするかは、長老たちの合議で決めた。

クナト姫は、次期族長としてオオババ様の推薦を受けていた。大きな祭祀で、導師を任されることも多かった。黄金の冠は、そのときに用いたものだ。だが陰では、「あんな変わり者で大丈夫かね」という声も囁かれていた。鳥をトーテムとする部族で、龍蛇の世界に魅せられていたら、それをいくら隠しても、どこかおかしいと人々に気づかれる。おまけに、頻繁にひとりで人里離れた自然の中で過ごしている。当然村人たちとの交流も減っている。

オオババ様は、クナト姫が龍蛇の世界に魅せられていることに気づいていた。このままでは族長にはできない。何とか是正しようと、とても厳しい指導を繰り返した。

だが、オオババ様の想像以上に、クナト姫の心はかたくなだった。

15歳を過ぎるころ、クナト姫は龍と対話ができるようになった。これは、クナト姫をはるかに大きな世界へ導いてくれた。いままでは、すべてはオオババ様の教えで学んできた。ところが龍は、それをはるかに超えるスケールの大きな教えを授けてくれるのだ。

海のこと、空のこと、気象のこと、大地のこと、植物のこと、森のこと、動物たちのこと、鉱物のこと……、クナト姫の世界は急激に豊かになり、色鮮やかになった。

このころから、クナト姫は病気の治療の腕を急速に上げた。いままではオオババ様に教わった通り、祈りのほかに水と火と薬草を用いてきた。ところが、龍から鉱物の使い方を教わったのだ。これはとても効果があった。

あるとき、オオババ様が治せなかった重病人をクナト姫が治したことがあった。オオババ様は、「よくやった」とほめてくれた。だが、その眼には嫉妬の光が宿っていた。

その日から、オオババ様の厳しい指導はなくなった。あれからまだ何年も経っていない。

# 3

「……お前は裏切り者だ……」

また、同じ声が聞こえてきた。

さっき聞いた時には、久々に聞くオオババ様の声にほのかな懐かしささえ覚えた。今度は違っていた。

氷を切り裂くような、冷たく激しいエネルギーがのっていた。

「……裏切り者には、それにふさわしい最期を用意した。たっぷりと楽しむがよい……」

クナト姫は恐怖におののいた。

……オオババ様は私を殺そうとしている……

クナト姫の頭の中には幼児期からオオババ様と過ごした様々な映像が、すさまじい勢いで流れ始めた。厳しいシーンもあり、愛にあふれたシーンもあった。シーンごとにクナト姫の情動は動いたが、全体としては感謝の念が強かった。

次第にシーンが切り替わるスピードが遅くなり、オオババ様とは無関係な回想に移っていった。

# 4

龍と対話できるようになって何年か経って、クナト姫は森の中で祈っているひとりの青年を見た。三日後にも同じ場所で祈っているのを発見して声をかけると、カングウン族のフーカという名前であることがわかった。

フーカも龍が見えるようになったばかりだった。この場所はよく龍が出るので祈りに来るのだという。まだ龍との対話はできないが、祈ることはできる。母親が重篤な病気になったのだが、シャーマンのオババが亡くなった後、誰も癒しの祈りができる人がいない。仕方がないので自分で祈っているのだという。

クナト姫は、自分はイメルレラ族のシャーマンだ、といいそうになって、慌てて口をつぐんだ。いったところで何もできない。カングウン族とイメルレラ族は長年にわたって戦争状態にある。自分がカングウン族の部落に行ったら、たちまち殺されてしまうだろう。万が一見つからずに治療ができたとしても、それがばれたら今度はイメルルレラ族でひどい処罰を受けるに違いない。クナト姫はフーカのいうことを黙って聞くことしかできなかった。

フーカは、カングウン族の中では体格が小さい方だ。顎が細く、髭も薄く、彫も深くはない。何世代前かに、イメルレラ族の血がかすかに入ったのかもしれない。

「そういえば……」とクナト姫は思った。オオババ様も、イメルレラ族の中でひとりだけ大きい。やはり何世代か前にカングウン族の血が混ざっている可能性が高い。

この戦争はいつから続いているのだろう。クナト姫が生まれるはるか前から続いているのは確かなのだが、その前には平和な時代があり、カングウン族とイメルレラ族の混血が生まれた時代があったのだろうか。それとも戦争中にもかかわらず人目を忍んで逢瀬を重ねた恋人たちがいたのだろうか。

空には色が違う三匹の龍が舞っていた。彼らがよくやる喜びの舞だ。時々絡み合ったりするのだが、クナト姫にはそれが蛇の交尾に見えた。龍にも雄と雌がいるのだろうか。セックスをするのだろうか。妊娠したり、出産したりするのだろうか。でも、物理的な身体ではなく、エネルギー体なのでセックスは関係ないのかもしれない。

そのうちに白龍がすぐそばまで近づき、クナト姫をまっすぐに見つめて囁いた。

「……クナト姫。行ってやりなさい……」


「えっ！」

クナト姫は、一瞬何のことだかわからなかった。

白龍は、背中を見せて空に登っていった。

「……行きなさい。行って治療をするのです……」

白龍の姿は、もうはるかに小さくなっていたが、言葉だけはクナト姫の頭の中でこだました。それっきり、三匹の龍は姿を消した。

いままで龍からは多くのことを教わってきた。でも、こうやって行動を直接的に指示されたのは初めてだ。クナト姫は、しばらくの間呆然と佇んだ。フーカは、何事か異変が起きたことには気づいており、じっとこちらを見ている。

# 5

クナト姫は、小さくため息をついた。そして意を決して、すべてを語った。自分はイメルレラ族のシャーマンで、病気治しができること。戦争状態の中でカングウン族の部落に行くことは危険だが、フーカの母親の治療に行くように龍にいわれたこと……。

フーカは喜んだ。そして母親の病気の経緯から、症状について詳しく語った。

三日後の日没時、二人は再び落ち合った。クナト姫は、白い衣装をまとい、黄金の冠をつけていた。暗闇に乗じて潜入する時、白い衣装は不利なのだが、この装束を身につけないとシャーマンとしての十分な祈りの力が発揮できない。

手には、医療道具を入れた袋を持っていた。クナト姫は、エネルギーのとても強い石（おそらくは隕石）をいくつか所有しているが、フーカの母親の症状に合う石を選んできた。薬草も、オオババ様に教わった内容をはるかに超えて豊富に使えるようになっており、この時は、標準的な薬草に加えて、いまでいう化石の骨を削った粉を持ってきていた。

カングウン族の部落には、番犬代わりに狼が何匹か放し飼いになっていたが、一キロも手前でクナト姫はそのすべての個体と対話をしていた。狼が吠えないのでフーカはとても不思議がった。

部落に入るころ、上空にはおびただしい数の龍がいた。龍がこの部落と、クナト姫の行動を守っているのは明らかだった。

家に入ると、祭壇に龍神が祭ってあった。クナト姫は涙が出てきた。ようやく故郷に帰ってきたように気持ちになった。祭壇で丁重にお祈りをしてから、治療に取り掛かった。

フーカの母親の症状はクナト姫にとっては造作もないレベルだった。治療は祈りも含めて三時間ほどで終わった。

その間、家人とは一切口を利かなかった。フーカと狼が５００メートルほど見送ってくれた。龍はイメルレラ族の部落が見えるところまでついてきた。

オオババ様は、寝ていなかった。頭の黄金の冠はすでに外していたが、儀式用の白装束を着て医療用の袋を持って入ってきたクナト姫をギロリと厳しい目で見た。

だが、何もいわなかった。

# 6

翌日フーカは、母親の症状が随分改善されたと報告に来た。一週間後には起き上がれるようになった。

最初は、母親の症状の報告のために会っていたのだが、二人が男女の仲になるのには時間はかからなかった。

クナト姫は、オオババ様の命令で多くの男性と関係を持ってきた。シャーマンは、両性具備になる必要があり、男性エネルギーを取り入れることは修行の一環なのだ。

オオババ様の指定する相手と、指定された時間に、指定された場所で性交する。正確に排卵日が指定されたが、避妊の呪文も教わっていたので妊娠することはなかった。最初の数回は、オオババ様の付き切りでの指導があった。

イメルレラ族の性交は、一般の人でも女性上位だ。

男性の身体は陽であり、男性器は陽の陽だ。女性の身体は陰であり、子宮口が陰の陰になる。電気でも電圧の差が大きいほど電流がたくさん流れるように、陽の陽と陰の陰が接触した時に、最もエネルギーの交流が強く起きる。それが、男性器が子宮口にしっかりと接触した状態だ。

イメルレラ族の性交では、女性が運動の主導権を握る。男性は子宮口に接触しても特に性感は高まらないので、運動の主導権を握ると入口付近も含めて大きくピストン運動をする傾向がある。女性が主導権を握り、男性器と子宮口が常に接触した状態を保つと、エネルギー交換が最も盛んになり、かつ妊娠の確率が上がる。イメルレラ族の女性は、激情に任せて腰を振り、ともかく早く射精させる。ベテランの男でも二分間は持たない。

性交は楽しみではなく、単なる生殖行為だった。早いほど良いとされていた。

ところが、シャーマンのトレーニングは生殖行為ではなくエネルギーワークだ。

早く終わってはだめで、三時間は続けなければいけない。刺激が弱ければ長時間勃起状態をキープできず、男性器は萎えてしまうし、激しいとすぐに射精する。いずれも失敗だ。女性は相手の状態を感じながら、冷静に微妙なコントロールをしながら腰を振る。

三時間もの間、勃起状態を保たせ、男性からエネルギーを吸収し続ける。時間が経ち、十分にエネルギーを吸収すると、子宮が火のように熱くなってくる。様々な呪文や祈りで忙しく、身体の喜びに浸っている余裕はない。

ヒンズー教やチベット密教ニンマ派でも同様な修行があるが（タントラ行と呼ぶ）、自然にしていれば女性は吸収したエネルギーと同量のエネルギーを男性に与える。異なる種類のエネルギーをお互いに交流するのだ。

ところが、クナト姫はオオババ様から、自らのエネルギーを一切漏らさないようにコントロールする秘術を教わっていた。つまり、一方的に男性のエネルギーを吸収するだけで、エネルギーの交流はなくなる。終わると、男性は生命エネルギーが枯渇して、一週間程度寝込むことが多い。時には病気になる。

クナト姫は、それが嫌で気の毒に思うのだが、どうしようもない。終わった時男性が元気いっぱいだと、オオババ様から叱責を受けてしまう。美しいクナト姫と性交できると喜び勇んだ男性も、二度目には臆して勃起できなくなることが多い。そのまま男性としての機能を失う者もいた。

この時代は、ほとんどの部族で神との交流は女性の役割とされており、シャーマンは女性だった。ほかの部族でもシャーマンのために同様なトレーニング（タントラ行）が行われていたが、男系社会では男が大切にされていたので、エネルギーをお互いに交流する方式がとられた。

イメルレラ族には極端な男性蔑視の風習があり、男は力仕事と戦士と繁殖の道具であり、使い捨てだった。シャーマンを育てるトレーニングのために男が犠牲になることは、誰も意に介さなかった。

# 7

フーカとの愛の営みは、これとはまったく違っていた。

フーカは左利きだった。左手から発する「気」は、とてもやさしく、丁寧な愛撫はいまだかって経験したことがないほど性感を高めた。男性が上に乗る体位は新鮮だった。正常位だと皮膚の接触面積が大きく、それも気持ちが良かった。クナト姫も長年の修練で微妙な腰の使い方を習得しており、長時間フーカを喜びに浸らせることができた。フーカにとっても、魂がとろけるほどの体験は初めてだった。

修行ではないので、思い切り身体の喜びに浸りきることができた。クナト姫は、森の中で何度も絶叫した。女としての喜びを初めて知ったのだ。自分が受け取るエネルギーよりも多くのエネルギーをフーガに注いだ。終わった後、フーガが前より元気になっていることが喜びだった。

クナト姫は生命エネルギーが枯渇する心配はまったくなかった。森のエネルギーをいくらでも吸収できるので、口から一切の食べ物をとらなくても生きていけた。

イメルレラ族には恋愛という概念がなかった。女性の発情期がはっきりしており、欲望を感じると手当たり次第に男性を誘って性交する。ただそれだけだった。男性は嗅覚が鋭かった。女性が発情してフェロモンを発していないと男性は性欲を感じない、という性文化であり、男性から誘うということはあり得なかった。したがって、ほぼ正確に排卵日に性交が行われ、子どもが多く生まれ、部族としては繁栄した。

クナト姫は、フーカと出会って初めて「愛」というものを知った。排卵日以外にも盛んに交わった。修行のためではなく、喜びのために交わる、というのも初めてだった。離れているときにも、無性に会いたくなった。

この人の子どもを産みたいと思った。

だが、頭を振ってその思いを打ち消した。いま、自分はそれが許される立場ではない。唇をかみしめて、避妊の呪文を唱え続けた。

# 8

この後クナト姫は、カングウン族の部落に三度出向いて病気の治療を行った。三度目には堂々と真昼間に行った。もう村人全員に知られており、殺される心配はなくなっていた。むしろ村人の間に、クナト姫信仰が見られた。帰るときには、村人全員が見送りに来た。

もちろん、龍も毎回現れた。龍と蛇を愛するクナト姫が、龍蛇族であるカングウン族の部落に来るわけで、龍たちが歓迎するのは当然だろう。

フーカからは、部落で暮らすように勧められていたが、クナト姫はかたくなに拒否していた。かといって、イメルレラ族の部落に帰るわけにもいかない。

クナト姫は、フーカと出会った森に小さな小屋を建てて、そこで暮らしていた。

フーカが頻繁に訪ねてくるし、食べなくても生きていけるので特に不自由はなかった。

ただ、儀式で使う白い衣装は次第にくたびれていき、黄金のバックルが付いたベルトは壊れてしまった。

# 9

ある日フーカは、族長のタカを連れてやってきた。折り入って頼みがあるというのだ。

カングウン族の部落は、北と西を高い崖に囲まれている。今年の豪雨で地盤が緩み、西の崖が崩れた。家が三軒つぶれ、二人死んだ。あんな激しい豪雨は、いま生きている者は誰も経験したことがない。どうやら我々は、経験のない未知の時代に入っているらしい。北の崖も地盤が緩んでいる。あれが崩れると部落は全滅だ。いま部落は、引っ越すべきかどうかで大変もめている。

タカは一挙にしゃべり、言葉を切って息を継いだ。

「あの場所は……」

タカは遠くを眺め、歌うようにいった。

「アラハバキ様のご宣託で決まった場所じゃからのう……」

先々代のシャーマンのオババが、ご宣託を受けて移住先を決めた神聖な場所だ。もう一度ご宣託を受け取らないと、引っ越せないというのだ。

「アラハバキ？」

クナト姫は聞きとがめた。

「あなたたちは、祭壇には龍神を祭っているのではないのですか？」

「そう」

タカは否定しなかった。

「村人の家は皆、龍神を祭っておる……」

それはクナト姫も確認している。

「わしの家の祭壇だけにアラハバキ様が祭ってあるのじゃよ」

以前はシャーマンのオババの家にあったのだが、死後引き取ったのだという。ただ、タカは祈り方を知らない。カングウン族は、誰もアラハバキに祈れなくなった。

……あ、あ、あ、あ……

クナト姫の心は驚きに震えた。

「それでは、龍はアラハバキ様のお使いなのですか？」

タカは深くうなずいた。

……何ていうことだっ！……

クナト姫は体の芯からこみあげてくる震えを必死に抑えていた。

……私たちは、本当は戦ってはいけない兄弟部族だったのだ……

じつは、イメルレラ族でもオオババ様の祭壇にだけアラハバキが祭ってあり、それを拝めるのはオオババ様、族長、元族長とクナト姫だけだった。他の村人はお使いである鳥の神様、シマフクロウを祭っていた。願い事があれば、オオババ様やクナト姫に願い出て祈ってもらうか、さもなければ、自分の家の祭壇でシマフクロウに祈り、アラハバキに取り次いでもらう。

宗教的な構造はカングウン族と全く同じであり、共通の女神であるアラハバキをいただいている。ただ、カングウン族はお使いとして龍をとり、イメルレラ族は鳥（シマフクロウ）をとっただけの違いだった。

タカは、この共通の宗教構造をよく知っていた。自分たちが大切にしている蛇を、見つけ次第殺すイメルレラ族は許せないという思いで戦ってきた。だが、同じアラハバキという女神をいただく兄弟部族であり、本来は戦うべきではないことも心得ていた。

そして部族存続をかけた移住問題に直面し、クナト姫がイメルレラ族のシャーマンなら、ひょっとするとアラハバキのご宣託が降ろせるのではないかと、藁にでもすがるような気持ちでやってきたのだ。

クナト姫は心が動いた。カングウン族やタカの役に立ちたいというよりは、フーカのために働きたい、という気持ちが強かった。強力なシャーマンといえども、一人の恋する乙女だったのだ。

しばらくして、クナト姫はカングウン族の村人全員と一緒に祈り場に行き、賽の河原の上にある石の舞台の上に上がった。ここで祈るのがカングウン族の代々のシャーマンの習わしだ。

クナト姫が、カングウン族の代々のシャーマンと違うところは、ご宣託をおろす前に歌と舞を奉納することだった。この時代は、歌も舞も神聖な儀式であり、多くの部族で神と交流する手段として使われていた。しかしながら、カングウン族のシャーマンたちにはその習慣はなかった。

イメルレラ族のシャーマンたちは、全員歌と舞に磨きをかけていたが、その中でもとりわけクナト姫は秀でていた。そのためか、クナト姫は誰よりもアラハバキにつながるのが早かった。

ご宣託はシンプルだった。一か月以内に部落全員が移動すべきだという。どこに移ればいいかも指示が来た。今度は崖もない高台の上だった。

このご宣託は、とても感謝された。祈りから三か月後、再び豪雨に襲われ、大規模な崖崩れが起きたからだ。もしあのまま住んでいたら、多数の死傷者が出ただろう。

# 10

……ああ、あの祈りもこの場所だったなぁ……

この長い追憶を、クナト姫は数秒間で終えていた。

あの祈りのおかげで、カングウン族の中でのシャーマンとしての地位を確立できた。にもかかわらず、いまこの祈りの場所でオオババ様は私を殺そうとしている。

「……オオババ様、ちょっと待ってください。

いま私たちはあなた方との和平交渉に行くためのご宣託を降ろそうとしていたのです……」

クナト姫は必死にオオババ様にテレパシーで話しかけた。

「……何をいうかっ！　ごまかすでない。

お前の前には武装した戦士が整列しておるだろうがっ！……」

オオババ様の言葉には激しい怒りが込められていた。

「……この裏切り者めがっ！……」

クナト姫は、目の前の兵士たちに視線を移した。

……たしかに、戦いに行くと勘違いするかもしれないな……

「……違います。どうしても護衛したいというものですから……」

でもいくら言葉を並べても、誤解を解くことはできなかった。

「……わしは、この者たちが家で武装するのを見たし、会話も聞いたぞ……」

……あ、あ、あ……

と、クナト姫は思った。オオババ様は千里眼だ。

すべてはお見通しなのだ。

この者たちが、どういう会話をしたか、クナト姫は知る由もないが、血気にはやる若者たちが戦闘的な会話をした可能性はある。それを感知したオオババ様はカングウン族が攻めてくると誤解したのかもしれない。

千里眼といっても全体が把握できるわけではなく、たまたま意識が向かったところしか検知できない。クナト姫とタカは和平交渉を望み、そのためのご宣託をアラハバキからいただこうとした。交渉に赴くクナト姫を護衛するために、どうしたわけか200人もの兵士が動員されることになり、全員この祈りの場に集った。

オオババ様から断片的にみると、着々と戦闘準備をしているようにも見えるだろう。

クナト姫の顔からはすーっと血の気が引いた。

……だから裏切り者、といわれているのだ……

「……そこにいる族長のタカに伝えるがよい……」

オオババ様の言葉は相変わらず怒気を含んでいた。

「……お前たちが帰るべき部落はもうない……」

クナト姫は硬直した。

「……家は全部焼け落ち、村人は全員死んだ……」

……え、えっ！……

クナト姫は耳を疑った。

「……だが、心配はいらない。お前たちが今日帰るのは部落ではない。はるかに遠い黄泉の国だ！……」

……ああっ！　なんてことだっ！！！……

クナト姫は天を仰いで絶叫した。

いままで、何十年もの戦争でイメルレラ族が先に攻めてくることはなく、戦闘は常にカングウン族が仕掛けてきた。大切な蛇を殺す悪の権化を滅ぼす、という宗教上の大義名分があった。カングウン族にとっては正義の戦い、一方のイメルレラ族にとっては、防衛のためのやむを得ない戦いだった。蛇を殺すことが攻撃される原因だということはわかっていたのだが、これも宗教上の掟であり、改めることはできなかった。

今回は、カングウン族は攻撃ではなくて和平交渉を計画しており、油断があった。祈りの儀式に出るために兵士が少なくなった部落をいきなりイメルレラ族が襲う、などということは誰も想定できなかった。

おそらくオオババ様は、クナト姫が裏切ったと誤解して逆上したのだろう。あるいは、このチャンスに部族間の戦いを一挙に決着するべく、いままでの慣習を破って、積極的に攻めに出たのかもしれない。

すでに部落を襲って全員虐殺しただけでなく、ここにいる人たちも皆殺しにしようとしている!

# 11

タカも兵士たちも全員が立ち上がり、石の舞台の周りに集まってきた。彼らにはテレパシー能力はなく、何事が起きているのかはわからなかった。

クナト姫は全身の力が抜け、へたへたと石の舞台の上に座り込んだ。声も震え、まともに口が利ける状態ではなかったが、かろうじて細い声を絞り出しタカに事情を伝えた。

タカは蒼ざめた。

しばらくの間、唇をかんで下を向いていたが、意を決して振り返り、兵士たちの方を向いた。

「みんな座れ」

兵士たちはざわめいた。

「深呼吸をし、丹田に力を入れろ！」

兵士たちの動きが止まった。

200余の視線と意識が、不気味な静寂の中で圧倒的な圧力を伴ってタカに集中した。

「みんなよく聞け。いまから大変なことを伝える。

動揺しないで、冷静に受け止めるように！」

タカは言葉を切り、唇をなめた。


自分はいま、族長としての試練に直面している。

皆に、この耐えようもなく重苦しい情報をどう伝えたらいいのだろうか。アラハバキか龍神のサポートが欲しい。

だが、祈りは女の仕事であり、タカは祈り方を知らなかった。

頼りにすべきクナト姫は、いまは祈りができる状態ではない。

「我々はぁー、和平交渉のご宣託を得るためにぃー、ここに集ったぁー」

タカは、ひとこと一言区切り、わざとゆっくりとしゃべった。

「何十年と続いたぁー、カングウン族とイメルレラ族の闘いをぉー、いまここでぇー、収束させるつもりだったのだぁー」

言葉が途切れた。兵士たちは微動もしない。

「どうしたわけかぁー、イメルレラ族はぁー、我々が攻めていくと誤解したぁー」

タカは天を仰いだ。どうしても次の言葉が出てこない……。

風はますます強くなり、海は荒れ模様になってきた。

石の舞台の上でうずくまるクナト姫の衣装がバタバタとはためいた。

「部落が襲われぇー、家は全部焼けぇー、村人は全員殺されたぁー」

タカはようやくの思いで言葉を絞り出した。

兵士たちは騒然となった。立ち上がるものもいた。

「静まれぇー。敵はすぐそばにいる。いまから戦闘になる。村人たちのカタキを討つのだっ！」

タカは大声を上げた。もうゆっくりはしゃべっていられない。

兵士たちは一瞬動きを止めた。すぐには事態を呑み込めなかったのだ。

# 12

一人の若者が立ち上がり、クナト姫に歩み寄った。フーカだ。

「フーカ……」

クナト姫は、声にならない声で呟いて、舞台の上にふらふらと立ち上がった。

ところがフーカは、怒気を含んだ大声で叫んだ。

「こーのー女《あま》めーっ！！！」

そして、左手で棍棒を振り上げてクナト姫に襲い掛かった。

クナト姫は、右膝を砕かれて舞台の下に転げ落ちた。両眼が大きく見開かれていた。

「……は、は、は、は、は……」

オオババ様の乾いた笑い声が頭の中で響いた。

「……それが、裏切りの報いじゃ……」

「何をするっ！」

タカは叫んで、石斧を振り上げてフーカに襲い掛かった。

三人ほどの兵士が後ろから羽交い絞めにして、タカを止めた。

フーカの方も、羽交い絞めにされ、動きが止められている。

「長《おさ》っ!! いい加減に目を覚ませっ！ 我々がここに来ることを誰がイメルレラ族に通報した？ この女《あま》以外にあり得ないじゃあないかっ！」

フーカは、千里眼もテレパシーも知らなかった。合理的に考えたら、自分の恋人がイメルレラ族と組んで我々を陥れようとしている、という結論になる。フーカ自身もイメルレラ族のシャーマンと恋仲になったことが悔やまれ、皆に申し訳なく思い、それを吹っ切るために凶行に及んだのだ。

タカは、千里眼もテレパシーもあることは知っていた。オオババ様という強力なシャーマンがいることも知っており、クナト姫の通報がなくてもこういう事態を招く可能性があることはよくわかっていた。

だが、この緊迫した場面で、それをフーカに説得することは、ほぼ不可能だ。二人は無言のままにらみ合った。

「絶望」という言葉がある。だが、この時のクナト姫の心境は、とてもその言葉で表現できるような、生易しいレベルではなかった。

……私がいったい何をしたというのだ……

生まれてこの方、人を害するような行為とは無縁だったし、考えたこともなかった。ひたすら自然に生きて来ただけだ。たまたま鳥をトーテムとする部族の中で、龍蛇に魅せられただけだ。そして、龍を仲立ちにしてカングウン族の恋人ができただけだ。にもかかわらず、オオババ様に裏切りが疑われて大虐殺を引き起こし、今度はその大虐殺が自分の裏切りの結果ではないかと、こともあろうか恋人から疑われている。

クナト姫は龍を呼んだ。だが、オオババ様が近くにいるらしく、龍は姿を見せなかった。クナト姫は地面に突っ伏して、目を閉じた。膝が痛んだ。だが、それよりもはるかに大きな根源的な痛みに、身体も精神もズタズタにさいなまれていた。

「見ろっ！」

年老いた兵士が、海を指さした。

海の上に、イメルレラ族の兵士たちをぎっしりと乗せた船が、ずらりと並んで漕ぎ寄せて来ている。

「内輪争いをしている場合じゃないぞっ！」

兵士たちの顔に緊張が走った。

タカは族長としての威厳をかろうじて取り戻した。

「慌てるでないっ！　入り江は狭い！

敵は船から降りるときに隙がある。

上陸する前に粉砕するぞ」

# 14

すぐに、二、三十人の兵士が海岸に向かった。ところが、入り江左右の崖の上からおびただしい数のロープが垂らされ、それをするすると伝って、次々とイメルレラ族の兵士が降りて来た。カングウン族の兵士たちが海岸につく前に戦闘が始まってしまった。その隙に船から大勢の兵士たちが上陸した。

こういうときのイメルレラ軍の集団的な戦闘戦術は、目を見張るほど見事だ。船から降りるときやロープから離れる直前はどうしても隙ができる。ロープで降りた兵士は、船で上陸する兵士をかばい、ロープで先に降りた兵士は後から降りてくる兵士をかばう。結果的に、最初にロープで降りてきた兵士はほとんど殺されてしまうのだが、その犠牲のおかげで大勢の戦士が戦闘に参加できる状態になった。

もし同じ武器で、1対1で戦ったら、圧倒的にカングウン族の方が強いだろう。イメルレラ族の兵士は、体格で劣り、体力で劣り、腕力で劣り、運動能力で劣り、おまけに女性に虐げられており、闘争心も弱かった。また、カングウン族は狩猟民族のため、弓矢の腕が良かった。

ところが、イメルレラ族は鉄の剣と槍で武装していた。鉄は今日の鋼ほどの硬度はなかったが、それでも武器としての性能は石斧や棍棒とは比べ物にならない。戦術も戦略もイメルレラ族が一枚上だった。

離れて戦うと弓矢の腕の差でカングウン族の方が有利だったが、同じ人数の格闘戦なら互角の戦いになった。ところがこの時は、人数が違い過ぎた。カングウン族の兵士たちは勇敢に戦ったが、次第に劣勢に追い込まれていった。

タカは、相手が何人いようとも、格闘戦ではまず負けることはなく、周囲の敵を次々になぎ倒していった。だが、戦闘が始まってしばらくすると、乱戦の中でいつの間にか一人だけ仲間から離れ、敵の中で孤立していた。その間、タカにより多くの兵士が叩き殺されたが、イメルレラ族の兵士たちは、わが身を犠牲にしてタカの孤立を誘ったことになる。そしてタカを遠巻きに囲み、弓矢で攻撃した。タカは、数十本の矢が刺さった状態で絶命した。イメルレラ族が特に強い相手と戦う時によく用いる戦術だ。

クナト姫は地面に突っ伏して、目を閉じたまま、兵士たちの叫び声や激しい戦闘の物音を聞いていた。心を失っており、何の感情もわかなかった。

フーカがどういう戦いをしているかは、目で見なくても手に取るようにわかった。華奢な体に似合わず、フーカは強かった。何人かの兵士を棍棒で叩き伏せた。だが、背後から槍で突かれて崩れ落ちた。

クナト姫は声にならない悲鳴を上げた。そしてそのまま気を失った。

# 15

どのくらいの時間が経ったのだろうか。

クナト姫がふと気が付くと、もう兵士たちの叫び声も武器がぶつかる音も聞こえなくなっていた。だが、負傷者たちのうめき声が、間断なく、通奏低音のように流れていた。大勢の人たちがせわしなく働いているらしく、時々作業の指示をする、鋭く短い声が聞こえてきた。生臭い血の匂いが強烈に立ち込めていた。

イメルレラ族の負傷者たちは、石の舞台の上の方に集められ、手当てを受け、オオババ様と女性長老たちが癒しの儀式を執り行っていた。

坂の下の方では、大量の薪木が集められた。火葬の準備だった。カングウン族とイメルレラ族は別々に火葬されるらしく、二つの薪木の山ができた。石の舞台の近くの薪木の山の上にカングウン族、かなり離れて坂の下の方にある薪木の山にイメルレラ族の死者たちが、それぞれ、うず高く積まれた。

オオババ様は、イメルレラ族の火葬場の前で死者たちを丁重に供養した。ひとしきりの祈りの後、オオババ様の挽歌が、長い間聞こえていた。音程が低く、小さな声だったにもかかわらず、そのゆったりとした歌声は半島中にしみわたった。

半島に住むすべての生き物が、動きを止めて、オオババ様の挽歌に聞き入った。草も木も、こうべを垂れた。イメルレラ族の人々は、一人残らず涙した。

クナト姫は目を閉じたまま、フーカの遺体の位置を意識で探った。だが、生命を失った身体は、意識のセンサーには上がってこなかった。死んだイメルレラ族の兵士が持っていた武器は、石の舞台の近くに集められた。かなりの数になった。

すぐそばに、オオババ様の気配を感じた。

「目を開けろ……」


テレパシーではなく、直接声で語り掛けてきた。

クナト姫は、堅く目を閉じたままだった。

もう何も見たくない。

もう何も聞きたくない。

もう何も感じたくない。

できることなら、過去の記憶も、自分自身も、そしてこの世界も、すべて消し去ってしまいたい。


「今度はお前の番じゃ……」

オオババ様の声からは怒りは消えていたが、クナト姫の無反応に対する少しの苛立ちと、とてつもなく冷酷な響きが含まれていた。

# 16

石の舞台の前に、柱が立てられ、
クナト姫が海を向いて括りつけられた。
薪木が足元に積まれ、火がつけられた。
白い衣装に火が燃え移り、炎が包んだ。
クナト姫は、目を閉じたまま口を一文字に結び、一切声を上げなかった。

クナト姫の炎が燃え盛ると、オオババ様は死んだ兵士が残した剣を六本取り上げ、
まず一本をクナト姫と石の舞台の間に深々と、ほとんど鍔が地面に触れるまで突き刺し、長い間祈った。
次に、クナト姫とカングウン族の死者たちを囲むように、時計でいえば、2時、

4時、6時、8時、10時の位置に、それぞれ同じように剣を突き刺し、丁重に祈った。祈りは一定の呪文の繰り返しのようだった。オオババ様の呪文に同期して、炎は不気味に踊った。これは死者の怨念を封印する呪術の儀式であり、はるか後の大和王朝では「六剣戸（むつるぎへ）」と呼ばれた。六本の剣は「ダビデの星」を表しており、遠いユダヤ王国の儀式との共通性を指摘する人もいる。

オオババ様は、石の舞台の上に立ち、洞窟の奥の方を向いた。

負傷者を中心にイメルレラ族全員が集まった。背後には、二つの火葬場とクナト姫を焼いた薪木が、まだ盛んに炎をあげていた。風は、ひところよりもだいぶ弱い。

イメルレラ族の火葬場の煙は青く、自然に立ち上っていた。しかしながら、カングウン族とクナト姫の火葬場からの煙は、心なしかどす黒く、空に向かって上がらずに地面付近を這い、火葬場を覆うように不気味に漂っていた。煙でさえ、封印の外には出られない様子だった。

「皆の者、よく聞け。イメルレラ族とカングウン族の長い、長い戦いは、今日で終わった。これからは、カングウン族が攻めてくることはもうない。ようやく我々に平和が訪れたのじゃ」

イメルレラ族は一斉に歓声を上げた。長年苦しんだ戦争状態から、ようやく解放されたのだ。

「わが兵士たちはよく戦った。死んだ兵士たちは、すでに全員光の国へ帰っていった。しばらくすれば、また我々のもとに戻ってくるであろう。

彼らが一日も早く帰れるように、女どもは毎月怠りなく交わり、心して孕め。兵士が何人死のうが、女どもがしっかり孕めば、わが部族は栄えるのじゃ。

裏切り者の一派は、光の国に帰ることはない。厳重に封印した。この場所で、氷のような冷たさの中で、苦しみもがきながら眠り続ける。封印は、3000年間は解けることはないじゃろう。

今後、何人たれどもこの場所に近寄ってはならない。近寄ったものは凄まじい祟りを受けることを覚悟せよ」

# 17

それからオオババ様は、海の方を向いて両手を上げ、長いことアラハバキの女神と対話した。両手をおろすと、かすかにフッと笑った。反対を向いていたので、その笑いは死者以外の誰にも見られることはなかったのだが、耐えようもない寂しさが漂っていた。

……どうやらわしは、自分自身を殺してしまったらしい。わしも封印の中に入れという……

再び皆の方を向いたオオババ様は、もういつもの威厳を取り戻していた。

「アラハバキ様からご宣託があった。とても大事なことなので、よぉく聞くように。

今日からは蛇を殺してはならない。

祭壇に祭ってあるシマフクロウ神をはずし、龍神を祭るように。

今日からアラハバキ様に取り次ぐお使いは龍神になる。

タカが率いるカングウン族が全滅し、龍蛇族がいなくなった。鳥族は、他にもいる。

わがイメルレラ族が龍蛇族に変容しろ、とのアラハバキ様からの直々のご宣託じゃ。

さあ、一刻も早く帰って祭壇を整えよ。負傷者たちをよくよく養生しろ。わしはしばらくの間、ここに残って祈り続ける」


人々の間からは、どよめきが起こった。鳥族から龍蛇族への変容は、あまりにも唐突だったからだ。だが、アラハバキの女神からのご宣託とあらば逆らうことはできない。これが、イメルレラ族に対する罰だということを知っていたのはオオババ様一人だけだった。

人々は戸惑ったが、それでも負傷者を担いだりして全員が船に乗った。オオババ様は一族を見送るように海の方を向いて石の舞台の上に座った。イメルレラ族は岬を回るまで、漕ぎ手以外は全員オオババ様から視線をそらすことができなかった。

潮が満ちて来て、イメルレラ族の火葬場は、ひたひたと水の中に沈みつつあった。凄惨な火葬場が海の力で清められていく。あらかじめ、それは計算されていたようであった。

この当時は、遺体が魚や鳥などによってきれいに処理されると、生まれ変わりが早いと信じられていた。

カングウン族の火葬場はもう大きな炎を上げてはいなかったが、赤い残り火がちょろちょろと瞬いていた。いつの間にか風は止んでおり、かすかな青い煙がまっすぐに立ち上っていた。もう、怨念の封印は表面的にはどこにも痕跡をとどめていない。

しかしながら、目には見えないが大量の地縛霊がへばりついているのはまぎれもない事実だ。そのせいで鳥も獣も近づけず、火葬場はこの後何十年も凄惨な姿をさらすことになる。

赤い夕陽が、はるかな光の帯を延々と描いて、真正面の海に沈んでいった。あたりに刻々と夕闇が迫る中、オオババ様は微動だにせず、いつまでも石像のように座っていた。

——それっきり、オオババ様の姿を見た者はいない——

（完）

## 追記

おそらく、イメルレラ族が、後の世の出雲族に発展したのだろう。龍蛇のトーテムは強固に保持され、アラハバキの女神信仰は残った。なぜか出雲王朝では、男性神が「クナトの大神」と呼ばれたが、クナト姫との関係は明らかではない。

かなり後の大和王朝のころまで、この場所でクナト姫とカングウン族の大勢の兵士たちが虐殺され、「六剣戸」の秘術で怨念が封印されていることは伝えられていた。そのため、この場所が「潜戸」と呼ばれるようになった。「戸」というのは、呪術の実行を表す大和言葉だ。当時は「戸」は「へ」と発音され、「くけへ」と読まれたと推定されるが、いまでは「くけど」に呼び方が変わっている(よく知られているように、いまでも神戸、八戸など「べ」「へ」と古語のままに読ませる地名と、水戸のように「と」と読ませる地名が混在している)。

この場所は、崖の上から人ひとりやっと通れる細い急な道を下りるか、平底の小舟で海から来るかしかない。あまり人が来ることはないのだが、幽霊が出没することは知られていた。たまに訪れた者は凄まじい祟りに苦しんだ。

6世紀にはいると仏教が伝来し、力のある僧侶が何人か供養を試みたが、オババ様の封印を解くことはできなかった。その頃になると、もうクナト姫の悲しい物語はほとんど伝わっていなかった。ただ、強固に地縛霊がへばりついた忌まわしい場所として、僧侶たちの間ではよく知られていた。

単発的な供養の儀式では封印が解けないので、僧侶たちは知恵を絞り、継続的に人々が祈りに来るように「賽の河原」というストーリーを定着させた。

「ここは三途の川のあの世側の河原だ……幼くして亡くなった子供が、ここで父母の供養のために石を積む……いくら積んでも鬼に壊されてしまうのだが、それでも懲りずに積み続ける……」という『賽の河原地蔵和讃』という悲しいお経に基づいて創作したストーリーだ。

子を亡くした親が継続的にお参りに来れば、何百年かの間に封印が解けるかもしれない、という遠大な計画だ。やがて、すぐ近くに大きな船が接岸できる岸壁が作られ、賽の河原との間にトンネルが掘られた。今日では、多くの参拝客が訪れている。訪れた人に何か祟りがあったという話は聞いていない。人々の祈りが怨念を和らげてきたようだ。

クナト姫やオオババ様が祈った石の舞台は、長い年月の間に坂を転げ落ち、いまは海の中にある。地震で落ちたのか、それとも地縛霊たちの仕業だったのかは定かではない。

旧潜戸の洞窟は、クナト姫の悲劇のあった当時に比べると、いまではかなり浅くなっている。おそらく、何千年かの間に何回かの大きな地震があり、崖崩れが起きたと推定される。


タカの率いるカングウン族は全滅したが、その類族はおそらくアイヌ民族の祖先だろう。現在のアイヌ民族は、トーテムは定かではない。イヨマンテ（熊祭り）などでは熊を祭るが、シマフクロウも祭り、龍も祭る。マルチ・トーテムといってもよいだろう。

ずーっと後になって、大陸系のアソベ族とツボケ族が融合し、東北で「アラハバキ族」と称したこともあったという。

歌舞伎の『阿弖流為』では、アイヌ(蝦夷)の女神を「アラハバキ」と称している。8世紀の東北のアイヌ(蝦夷)にはアラハバキ信仰があったようだ。島根県の出雲族と、はるかに離れた東北のアイヌ(蝦夷)がともにアラハバキを信仰していたことに首をかしげる者が多いが、そのルーツは異民族であるにもかかわらず共通の信仰を持っていたイメルレラ族とカングウン族にさかのぼる。アイヌは、かつては日本中に住んでいたが、大和民族に攻められ、東北、北海道へ追い上げられていったのだ。アラハバキ信仰も、島根から東北まで移っていったのだろう。

クナト姫の惨劇の後も、トーテムにまつわる戦いは絶えることなく続いた。龍蛇族の出雲王朝は、結果的に鳥族の大和王朝に滅ぼされた。その様子は、大和王朝側の歴史として『古事記』『日本書紀』などに記されている。

しかしながら、出雲王朝側には、それとはまったく違う歴史が口承として残されていた。戦前までは、表で語れば不敬罪に問われたので、かなり神経を使って伝承されてきたことだろう。口承史を伝承する家系があり、そのひとり富當《まさ》雄氏《お》は産経新聞に勤めていたのだが、職場の後輩の司馬遼太郎がそれを公にしてしまい(『中央公論』1961年3月号)、週刊誌などでかなり騒がれた。

その後、1984年に荒神谷遺跡、1996年に加茂岩倉遺跡などが相次いで発見され、それまで歴史学者に否定されていた出雲王朝が、実際に存在していたことが証明された。

ただ、現在でも出雲王朝に関しては、ほとんど何もわかっていない。多くの虐殺があり、大和王朝側が、怨念を封印してきたと推定される。おそらく「六剣戸」が使われただろう。それは大和王朝側の歴史では語られず、遺跡が発掘されるまでは、出雲王朝の存在そのものが2000年以上にわたって隠蔽されてきた。

富當雄の家系は、今でも続いていると思われるが、黙して語らない。吉田大洋という人が、富當雄からの聞き語りとして『謎の出雲帝国：天孫一族に虐殺された出雲神族の怒り』(徳間書店)という本を著している。

富當雄の家系のものが谷戸貞彦というペンネームで書いたのではないかと推定される『幸《さい》の神と竜─古代がわかる鍵』(大元出版)という本がある。天皇家や正統的な大和王朝の歴史に最大限配慮し、遠慮気味に書いているが、行間を読むと出雲王朝の実態がほのかに浮かび上がってくる。

それよりはるか昔のクナト姫の物語は、特に隠蔽されることはなく大和王朝のころまでは伝承されていた（その証拠に潜戸という地名が残った）が、いまでは時間のベールの彼方に霞んでいる。

2011年3月11日の大震災以来、日本では龍が見える人が数多く出現している。それを出雲族の復活の象徴だ、と捉える人もおり、「2000年来のよみがえり」という言葉も聞こえてくる。龍は出雲族のトーテムだからだ。多くの龍が「六剣戸」で封印されている、というチャネリング情報もある。

また龍は、上記の虐殺事件の中心課題となったトーテムでもある。ひょっとするといま、オオババ様の3000年に及ぶ封印が解けようとしているのかもしれない。チャネリングによると、クナト姫の封印が解けることが、日本列島全体の解放にとって大きな意味を持つという。

# イントロダクション

「いま空海」として知られている真言宗の高僧、神戸の鏑射寺の中村公隆和尚によると、阪神高速道路で事故の多い場所で地縛霊の供養を行ったところ、その後事故は激減したという。地縛霊などというと、おどろおどろしく、拒否反応を示す人も多いかもしれないが、同様な話は至る所で聞く。

科学的な説明はできないが、どうやら目に見えない世界の存在が現実の我々の生活に何らかの影響を及ぼすという現象があるらしい。

私たちは、かつては日本列島いたるところにアイヌ民族が住んでおり、それを大和民族が戦って北海道まで追い上げていったということを、たまたま知った。しかも、虐殺されたアイヌの怨念が封印された場所が、日本中に数限りなく残されているという。

私は、大和民族とアイヌ民族の５０００年に及ぶ長い民族闘争の歴史において、アイヌ民族が生まれ変われずに次第に衰退していくように封印されてきた、という大戦略がとられた可能性があると思っている。突飛な発想だが、そうとでも考えないと、これほど多くの封印された場所があることの説明がつかない。封印された場所には、「戸」という地名が付けられ（神戸、水戸、八戸など）、あるいは神社が建立されているという。

2016年から、その封印を解放する旅を始め、アイヌの英雄シャクシャインと、アイヌを助けて火あぶりになった日本人、越後庄太夫の御霊を首尾よく317年ぶりに上げることができた。そこまでを前拙著『日本列島祈りの旅1』（ナチュラルスピリット、以下『祈りの旅1』）に書いた。この一連の活動は、歴史以前の誰も知らないはるか昔の悲劇を紐解かなくてはいけないこともある。そこで頼りになるのが、目に見えない存在に繋がって情報を降ろす、いわゆる「チャネリング」という手法だ。これも、合理主義を信奉している人からは、目を向いて反発されそうだが、存外に有効な情報が得られる。

本書は、Tya-Tya（ペンネーム）という女性に降りてきたチャネリング情報に基づいて、島根県の潜戸で2年越しに行った祈りの儀式の記録だ。出雲王朝より昔というので、いつの頃なのか全くわからないのだが、クナト姫と呼ばれる美しい女性と、そのとき一緒にいた一族（異なる部族）が潜戸で虐殺されたらしいのだ。チャネリングによれば、その封印を解くことが「日本列島祈りの旅」全体のキーになるという。

何回かのチャネリング情報により、祈りの儀式は滞りなく終えたが、本としてまとめるためには、さらに詳しい情報が必要だ。ところが、どうしたわけか、Tya-Tyaにはチャネリング情報が一切降りてこなくなってしまった。

そこでやむなく、何が起きたかは、断片的なチャネリング情報をベースに想像を交えて小説とし、追記も含めてフィクションで書くことにし、巻頭に掲載した。本書は、これ以外はノンフィクションという、変則的な構成になっている。

フィクションの部分は、「神格を持っていたクナト姫の魂が低いバイブレーションに捕われ、壊れてしまうほどの絶望に沈んでいた」というチャネリング情報に忠実に表現したために、救いようもない悲しい物語になった。

この事件から、おそらく3000年以上たったと思われる2016年、2017年に、皆の祈りによりクナト姫もオオババ様も封印が解かれ、解放される……という壮大な物語が、今度はノンフィクションとして語られる。

私たちが住んでいる、この日本列島に、はるか昔にこのような悲劇があり、それが今日まで延々と続いてきた、という「あの世」と「この世」にまたがるロマンをお楽しみいただけたら幸いだ。

6章と7章は、ドキュメンタリー的な記述を離れて、一体「地縛霊とは何か」という疑問を、深層心理学の知見と、医師による看取りの体験談などから推定した。

いま、人類は進化しつつあり、それに伴い社会も変わろうとしている。その変化は「〝分離〟から〝統合〟へ……」と表現できる。地縛霊というのは、「分離」された生命エネルギーが、肉体が消滅した後も残ってしまった状態だと考えられる。したがって、その供養をインディアン流に表現すると、「母なる大地」が「分離」から「統合」へと向かうことであり、この人類の進化、社会の進化と呼応している。

「統合」が、ある程度達成された人の特徴も述べた。良く見ると、あなたの周囲にも、これに類する人はいるだろう。ただ、いままでの社会の常識からは「ちょっと変わった人」に見え、「変人」と呼ばれているかもしれない。単なる変人なのか、それとも進化した人類なのか……、時の流れとともに明らかになってゆくだろう。

この二つの章は、少し難解かもしれないが、「日本列島祈りの旅」の意義を俯瞰して、大きくとらえる大切なメッセージになっている。

# 祈りの旅とチャネリング

**2014**

5月24日　剣山でのパイプセレモニー（徳島県）
池上裕仁郎さんとTya-Tyaがイギリスのグラストンベリーから UFO で宇宙旅行をする

**2015**

3月　天外塾の同窓会、Tya-Tya から宇宙語を聞く（神奈川県鎌倉）
4月　日本列島祈りの旅キックオフの会が中止になる
5月30・31日　出雲ツアー（島根県）

**2016**

5月28・29日　**日本列島祈りの旅**（北海道日高地方のアイヌの聖地を巡る）
6月3日　愛媛天外塾
Tya-Tya のチャネリング情報 in 松山（愛媛県松山市）
9月16日　Tya-Tya のSE（ソマティック・エナジェティクス）のセッション
Tya-Tya のチャネリング情報 in 新橋（東京都港区）

10月6日　愛媛天外塾
Tya-Tyaのチャネリング情報in博多（福岡県福岡市）
10月7日　吉祥山延命寺でパイプセレモニー（島根県邑南町）
10月8・9日　**日本列島祈りの旅**（島根県潜戸）
10月8日　Tya-Tyaのチャネリング情報in潜戸（島根県松江市）

**2017**
3月12日　バイオレゾナンス医学会の月例会
Tya-Tyaのチャネリング情報in麻布（東京都港区）
三浦半島で祈り
5月20〜22日　**日本列島祈りの旅**（東北・青森縄文の聖地を巡る）
Tya-Tyaからチャネリングの力が失われる
10月6日　愛媛天外塾
10月7日　**日本列島祈りの旅**（島根県潜戸）

**2018**
5月19〜21日　**日本列島祈りの旅**（東北・岩手縄文の聖地を巡る）

**2019**
5月11〜13日　**日本列島祈りの旅**（北海道函館近辺の聖地を巡る）予定

## 祈りの旅　祈り手と舞い手

Tya - Tya ……………宇宙語でシフォアという宇宙存在とチャネリングする

吉島陽子さん…………チャネラー。吉岡敏朗監督の助手で記録映画のカメラ担当

伊藤由美子さん………不食の人ジャスムヒーンのセミナーで出会ったチャネラー

清水晶さん……………チャネラー

麻風さん………………風の奉納をする

志賀厚雄さん…………東京大学の元研究者。出雲に在住し歴史研究と神事を実行

池上裕仁郎さん………英国グラストンベリーでＵＦＯで宇宙旅行をしたとされる

増田かおりさん………愛媛天外塾主催者。複数の保育園を経営。愛称ビッグママ

大村憲子さん…………高知の舞姫

アシリ・レラさん……アイヌの女性長老。日本全国で祈りをささげる

口羽秀典和尚…………島根県の吉祥山延命寺、真言宗の住職

天外伺朗………………インディアンの長老より聖なるパイプを授けられた

潜戸の祈りの旅（2016年、2017年）

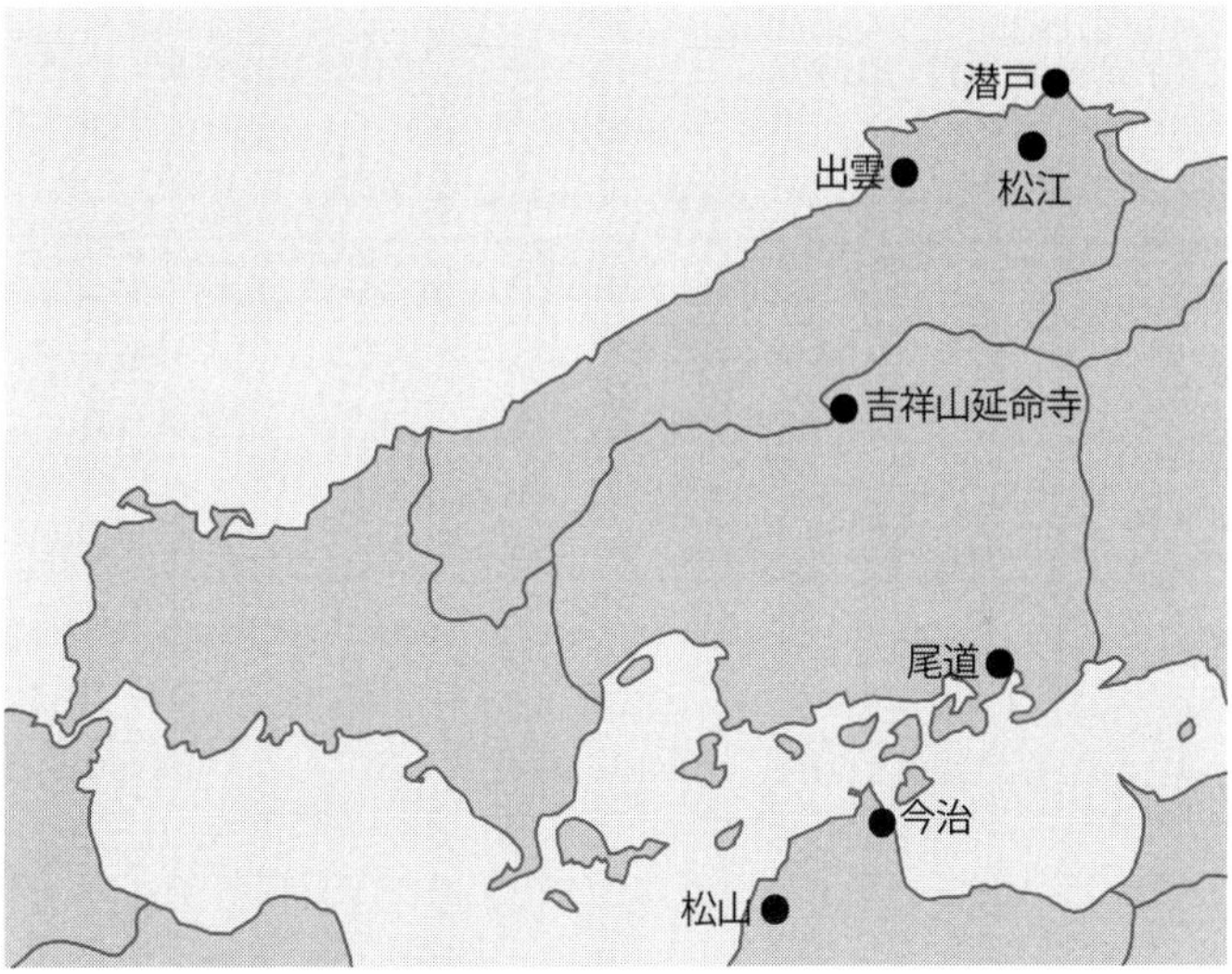


青森の聖地を巡る旅（2017年）

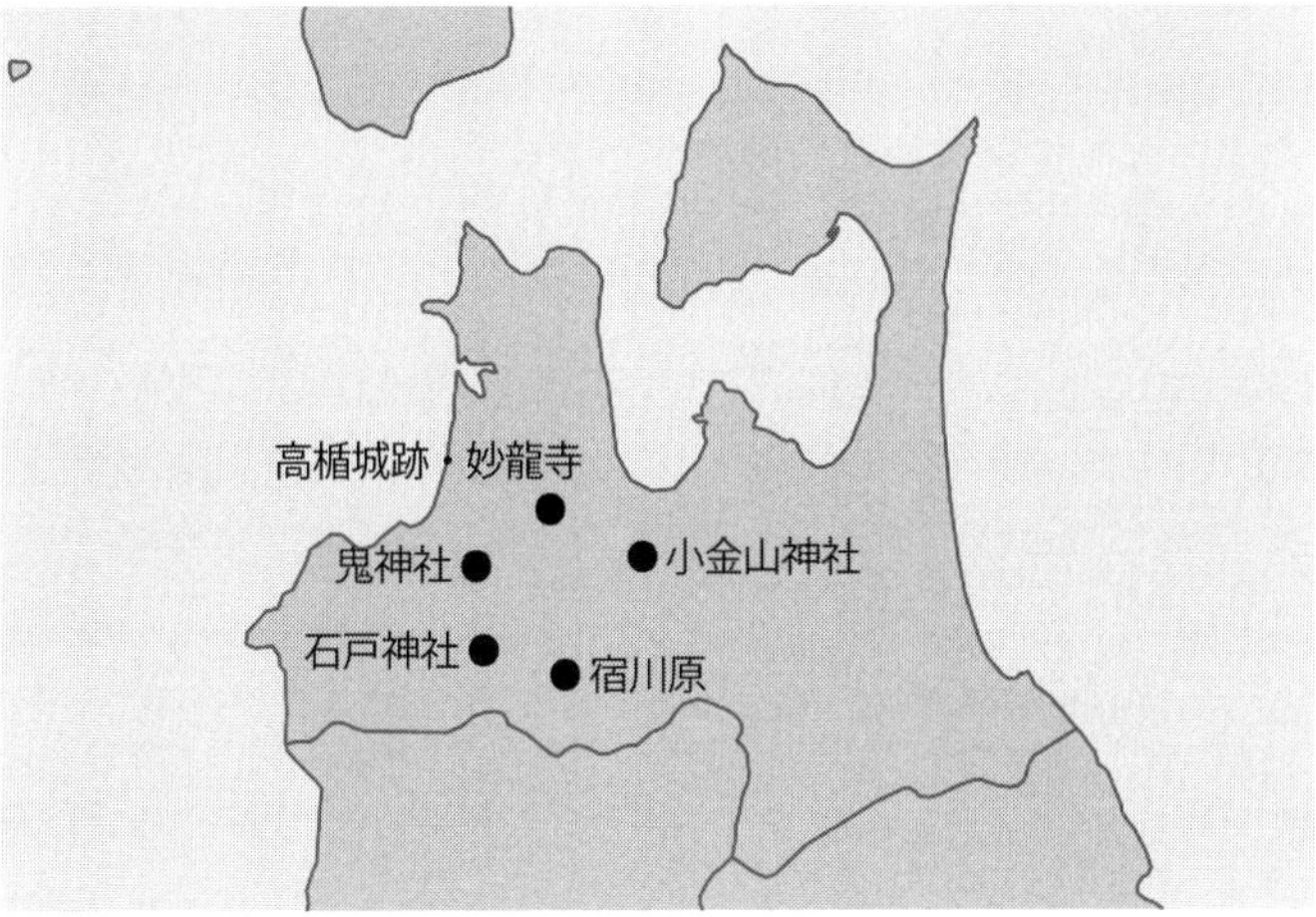

# 1　宇宙語をしゃべる女性（２０１５年）

## 龍が見えるチャネラー

Ｔｙａ‐Ｔｙａと名乗る女性がいる。２０１１年3月11日の東日本大震災の後、福島原発の放射能が心配になり、４人の子どもと一緒に車で関東から四国まで逃げていった。翌月には戻ってきたのだが、行きも帰りも、ずーっと龍が付きまとっていたという。その後も頻繁に龍を見るようになった。３・11後に龍が見えるようになった人は大勢いるが、彼女もそのひとりだ。

「龍が見える」などというと、普通は「頭がおかしくなったのではないか」と、精神疾患の発症が疑われてしまう。ところが、ニューエイジ（スピリチュアル系）の世界では当たり前の会話として成立している。私は、自分は龍が見えるわけではないが、以前ニューエイジの若者たちとの付き合いがあったので、Tya - Tya から龍の話を聞いてもそれほどは驚かなかった。

Tya-Tya はかなり体調が悪かったのだが、SE（ソマティック・エナジェティクス。心と身体、魂を変容に導くヒーリングの技術）というボディーワークを受けて救われ、その後は自らSEのプラクティショナーになった。

SEのセッションを受けている最中に、彼女は突然宇宙語をしゃべりだした。我々が外国語を習得するように少しずつ覚えるのではなく、一挙に完璧にしゃべれるようになったのだ。しかも6種類の異なる宇宙語を瞬時に習得した。それと同時にシフォアと名乗る宇宙存在とコンタクトが取れるようになり、チャネリングが可能になった。

その様子を彼女は『シフォア・コズミック・チャンネル』（ナチュラルスピリット）という本にまとめている。

龍が見えるようになったことと、宇宙語でチャネリングできるようになったことは関係があるかどうかは定かではない。

25年ほど昔、私がニューエイジ系の若者たちと行動を共にしていたころ、「ムー語」をしゃべると自称する人が何人か出てきたことがあった。

ある女性は、どうしたわけか講演中に突然「ムー語」でしゃべり出した。どうも本人は制御が効かないようだった。聴衆はもちろん何をいっているのかはわからないので、あっけにとられていた。ところが、聴衆の中の一人が、「あ、この言葉は私にわかる」といって突然同時通訳を始めた。漫画のような出来事だが本当にあった話だ。

しかしながら、話の内容は、とりとめのないきれいごとで、もうすぐ人々のエゴがなくなるすばらしい世の中が到来するという感じで、私には実感がわかなかった。

当時、何かに「石を投げるとチャネラーにあたる」と書いたほど、ニューエイジの世界ではチャネラーと称する人が大勢名乗り出ていた。しかしながら、そのチャネリングの内容のほとんどは抽象的で、精神的で、何となく浮いており、いわゆるスピリチュアル系だった。それを有り難がる人たちもきわめて多かったのだが、私にとっては、そんなことわざわざチャネリングしなくてもわかっているよ、という感じだった。

おまけにチャネラーと称する人たちの中には祭り上げられて、ミニ教祖のようになっていた人も何人かいた。そういう人は精神が少々不安定に見えた。その後私は、ニューエイジ系の人たちとは距離を置いてコンタクトを断っていた。

Ｔｙａ-Ｔｙａの宇宙語は、いまにして思えばあのときの「ムー語」とほとんど同じだ。ただ、チャネリングの内容は極めて具体的で正確だ。Ｔｙａ-Ｔｙａ自身も知らない情景が模写され、行ってみると本当にその通りであることが多い。

Ｔｙａ-Ｔｙａのチャネリングでは、まず宇宙語で質問を投げかけ、返ってきた答えを一旦宇宙語で語ってから、おもむろに日本語に翻訳する。ただし、言語が一対一に対応しているわけでもなく、ときにはイメージで答えが来ることもある。相手は「シフォア」と称する宇宙存在であり、正体は不明。

その昔、ダリル・アンカというアメリカ人がバシャールと称する宇宙存在とコンタクトして様々な情報を降ろして有名になったが、Ｔｙａ-Ｔｙａとシフォアもほぼ同じ関係のようだった。

## 2015年3月鎌倉、初めてのチャネリング情報

私は「天外塾」という経営者向けのセミナーを開講しているが、Tya-Tyaはそこの塾生のひとりだ。

2015年3月に鎌倉で天外塾の同窓会が開かれた時、Tya-Tyaは宇宙語がしゃべれるようになったことを知った。面白そうなので、私は早速二つのことを聞いた。

ひとつは、その時大問題になっていた、ギリシャの国家財政危機に起因してユーロの破綻が起きるかどうか、という国際問題。チャネリングでは、人々が賢く対応するので破綻は起きない、とのことだった。

もうひとつは、「日本列島祈りの旅」のことだ。

私は、前年の2014年5月に剣山で啓示を受けて、何となく「日本中に封印されている虐殺されたアイヌの怨念を解放して回る旅を始める」と無責任に宣言してしまったのだが、これは本当に意味のある活動なのか、真言宗の口羽秀典和尚とアイヌの女性長老、アシリ・レラさん以外にどういう人を巻き込んだらいいのか、うまく行きそうかど

うか、など。

チャネリングでは、これは日本にとっても、地球にとっても、とても大切な活動だということ、天外自身がとても大きな役割を担っているので、誰かほかの人を巻き込む必要はないとのことだった。

私自身は、そうはいっても遊び半分、冗談半分で、あまりシリアスには考えておらず、いろいろお膳立てはするけど、祈りの実際は専門家にお任せしようと考えていたので、このチャネリング情報にはちょっと違和感があった。自分はサポート役、ほんの脇役のつもりだったので、この活動にとって天外が重要な存在である、という話は受け入れがたかった。正直いって「嘘だろう?」という感じが強かった。

## 「日本列島祈りの旅」の幕明け

この時点では、Ｔｙａ-Ｔｙａのチャネリング情報がどのくらい信頼できるのか、まだわかっておらず、私は軽く聞き流していた。

ところが、この年の年末には、ギリシャ大統領が選挙公約を全部翻してＥＵにひれ伏す、という誰も想像できなかった筋書きでユーロの破綻は避けられた。この結末には世界中が驚かされた。ほとんどの人が破綻を予測していたからだ。結果的にはチャネリングが当たったことになる。

翌年2016年5月に、北海道から「日本列島祈りの旅」が始まった。Tya-Tyaも参加してくれた。

判官岬での祈りの儀式で、毒殺されたアイヌの英雄シャクシャインの霊も、アイヌを助けて火あぶりなった日本人、越後庄太夫の霊も、317年ぶりに首尾よく封印が解け、光の国に帰っていった。

しかも、私のパイプセレモニーの最中に上がっていったので、Tya-Tyaのチャネリングは正しかったことになる(『祈りの旅1』参照)。

2000年8月に、たまたまインディアンのチョクトー族の長老から「聖なるパイプ」を拝領し、以来インディアンの最も基本的な祈りの儀式である「パイプセレモニー」を折に触れて実行してきたが、私自身は遊び感覚であり、あまり真剣ではなかった。

「日本列島祈りの旅」では、言い出しっぺなのでパイプセレモニーも一応やるが、祈り

2014年5月、剣山でのパイプセレモニー

のメインはアシリ・レラさんと口羽和尚であり、私は付け足しのつもりだった。

300年以上にわたってアイヌが熱心に祈ってきたのに上がらなかったシャクシャインと越後庄太夫の霊が、私のパイプセレモニーで上がるなどということは、私にとっては、まさに青天の霹靂だった。

## 島根の旅のきっかけ

私だけでなく、口羽和尚も「パイプの威力」に驚いたようだった。判官岬での祈りの儀式が終わってバスに戻った時、唐突に島根県の口羽和尚のお寺、吉祥山延命寺でパイプセレモニーをやってくれと要望された。

この要望が、いかに仏教界の常識を逸脱しているかは、一般の方にはなかなかご理解いただけないかもしれない。

口羽和尚は、真言宗の「虚空蔵菩薩求聞持法」という修法を成就した正統派の僧侶だ。一方のパイプセレモニーというのは、様式もはっきりとは決まっておらず、長老が思い付きで祈るという、仏教から見るとはるかに原始的なインディアンの祈りの儀式だ。どこからどう見ても、仏教の祈りの方が格上だろう。

だから、僧侶が自分のお寺での異教のパイプセレモニーを要望する、などということは普通ではありえない。しかしながら、これは私にとってはこの上なく名誉な話だ。引き受けないわけにはいかない。

ちょうどこの頃、私は愛媛県松山市で天外塾を開催していた。

２０１６年10月６日に天外塾があるので、その翌日に車で島根まで行って、口羽和尚のお寺でパイプセレモニーをすることを決めた。

どうせ島根に行くのなら、そのまた翌日の８日はどこかで出雲族の供養をしようじゃないか、ということになった。10月は、神様が皆、出雲に集まる月だ。

かくして、出雲への旅が企画されることになった。そして実際には、Ｔｙａ-Ｔｙａのチャネリングにより、出雲族ではなく、出雲王国よりはるかな昔に島根県の潜戸で虐殺された「クナト姫」とその一族を供養する旅になった。

# 2　驚きのチャネリング（2016年）

## 2016年6月、松山でのチャネリング

さて、ここで、どういう経過で祈りの対象が出雲族からクナト姫に変更になり、潜戸の祈りの旅が企画されたかを語ろう。

この頃Tya-Tyaは、時折、四国でSE（ソマティック・エナジェティクス）のセッションを開催していた。そして、そのついでにということで、北海道への祈りの旅の後、6月3日に松山市で開かれた愛媛天外塾に参加してくれた。私がお願いしたのだ。

懇親会でTya-Tyaにチャネリング情報を降ろしてもらった。

そこで私が聞きたかったのは、「出雲族の女性シャーマンをどうしたら見つけることができるか」ということだった。

10月7日に口羽和尚のお寺、吉祥山延命寺でパイプセレモニーをし、8日には出雲族の供養をしたい。アイヌの供養をするときにはアシリ・レラさんが一緒に祈ってくれたが、出雲族に対する祈りの儀式をするときには出雲族の女性シャーマンが一緒に祈って欲しかったからだ。八方手を尽くして探していたのだが、まったく手掛かりがなかった。

10月6日の愛媛天外塾のあとのチャネリングでは、女性シャーマンについては明快な回答が返って来たが、加えて、出雲王国よりはるかな昔に島根県の潜戸で虐殺された姫を供養するという驚くべき情報が降ろされた。この日のチャネリングは録音されていないので、記憶を頼りに要旨を記したい。

## チャネリング情報 in 松山（出雲について、要旨）

２０１６年６月３日、愛媛・松山市内居酒屋

①出雲族の女性シャーマンを探す必要はない
②一緒に旅に行く、体格の良い女性がシャーマン役を引き受けてくれるだろう
③「日本列島祈りの旅」全体にとって、もっとも重要な場所が島根にある
④そこで、ある女性とその一族が処刑された。そして怨念が封印されている
⑤それは出雲王朝よりさらに前の話だ
⑥この封印を解くことが、日本列島全体の解放にとって大きな意味を持つ
⑦そこには船でしか行けない。船旅は気を付けなければいけない
⑧半島の先端が洞窟になっている場所だ

愛媛天外塾主催者は、増田かおりさんという体格のいい女性だ。いつもは「ビッグママ」と呼ばれている。

このチャネリングの後、皆は口々に「そのシャーマンはビッグママじゃない？」といった。これは、絶対にありえないという前提のもとでのジョークだ。ビッグママは30余の保育園を株式会社組織で経営するキレキレの経営者であり、シャーマンというイメージからは、およそ程遠い。ところが驚いたことに、実際にはこのジョークが本当になった。

## 導かれた祈りの場所、潜戸

チャネリングでは、地名が出てこなかった。一体それはどこだろう、という議論になったが、この場では結論が出なかった。

Tya-Tyaにはチャネリングの時に洞窟のイメージが降りており、のちに口羽和尚に電話でそれを話した。

さすがに島根在住の和尚はすぐわかり、即答したという。

「そりゃカガのクケドじゃろう」

「加賀の潜戸」という漢字をきいて、そこに「戸」という字がついていることで、Tya-Tyaは神妙な気持ちになったという。

『祈りの旅1』で詳しく書いたが、大和民族はアイヌを虐殺し、怨念を封印してきたが、その場所に必ず「戸」のついた地名を残してきた。神戸や水戸などだ。

「戸(へ)」というのは、何らかの呪術の実行を表す大和言葉だ。

潜戸という地名が付けられたということは、そこに怨念が封印されていることを大和民族は知っていたことになる。出雲王朝は大和王朝に滅ぼされており、その出雲王朝よりさらに昔の出来事が、大和王朝の時代まで伝わっていたということだ。

潜戸には新潜戸と旧潜戸と二つある。

新潜戸は、半島の先端付近を貫く洞窟であり、船でくぐることができる。観光の目玉だ。地元では、半島が龍で、この新潜戸が龍の目玉だといわれている。

旧潜戸が、賽の河原だ。洞窟は浅く、行き止まりになっている。

前回シャクシャインに祈った時には、私が代表を務めるホロトロピック・ネットワークという組織が主催し、人を集め、大型バスを一台チャーターして皆で移動した。今回も同じように計画しようとしたのだが、事務局は早々にギブアップした。10月の出雲は大混雑であり、大人数で行くと、とても宿やバスを確保できないというのだ。しかたがないので、ビッグママを中心に愛媛天外塾のメンバーを集め、小規模で実行をすることにした。結果的には、祈りのワークに特別な役割を持った人たちがピッタリ集まり、これも天の配剤としか思えないほど大正解だった。ただ、愛媛天外塾の塾生は、経営塾だと思って参加したのに、とんでもない怪しい旅に巻き込まれたことになる。

## 2016年9月、新橋でのチャネリング

島根の旅を3週間後に控えた2016年9月16日、私が主宰する「ホワイト企業大賞」企画委員の八木陽一郎さんが、Tya-TyaのSE（ソマティック・エナジェティクス）のセッションを企画し、私も出席した。

セッションが終わってから、予期せぬチャネリングが始まった。

## チャネリング情報 in 新橋（島根の沖の大虐殺）

2016年9月16日、東京・新橋

**Tya-Tya**　島根の沖に追い詰められた一団が、そこで虐殺されました。その中にお姫様が一人居り、お姫様もそこで殺されました。

そのお姫様は髪飾りみたいな冠を着けていました。それは、太陽が昇るときの日の出の光を表す線が丸に三本刺さっており、その先に丸がついていました。その他に細い光を表す線が何本か出ていて、それには先に丸はついていません。

そのお姫様の着ていた服は白です。映像が出ていますが、すごくその、卑弥呼とかの絵に似ています。

その白い装束に金の冠をしている姫様はそこで殺されています。そのご供養をしてほしいといっています。供養するというのがすごく大事です。

そこで虐殺された人たちの中で、そのお姫様はとても異質な存在で、そのお姫様を守っていたというか、崇めていたその部族の人たちっていうのは、すごく原始的な顔をして、原始的な生活をしている人たちだったんです。お姫様は、もっとつるっとした顔、そんなに彫りが深くなくて、色が白い人でした。

そのお姫様は布を織る知識と技術を持っていました。布はそうして作ったんですけれども、腰に結ぶひもは、草を編んで作りました。つまりその、繊維を取ったわけではなくて、繊維を取って縫ったりしないで、草を編んで帯にしていました。

お姫様がその原始的な人々と一緒に居たのにはとても複雑な事情がありました。そのお姫様は原始的な暮らしをしていたその人々のことを愛していて、大事にしていて、守ろうとしていた。その人々にもそれが伝わって、お姫様のことをすごく大事にしていた。

けれども彼らは最終的に、島根の沖に追い詰められて、そこで虐殺されてしまう……。

**天外**　そのお姫様の名前はわからない？

**Tya-Tya**　ええと、それが宇宙語の音とは全然違うんですけど、クナトっていっていて、ク、ナ、ト、とはっきり文字で出ています。

今ここの時点でひとつおことわりしておくと、私の頭の中で出たものと、この、音を聞いて、その、映像で出てくるものって、こう、場所が違うんですね。なので、今のクナトとはっきり出たのは、私が頭で考えたのではなくって、降りてきた音から出てきたものでした。

ええと……映像を送ってきてくれているんですけども、すごく白く光っちゃってて、光が強くって、どういう状況なのかが細かく見えないんですけども、そのお姫様の、出生に関係することの、今情報が来てたんですね。でも、あまりにもこう、光が強くって、なんか、どういう状況なのか、ちょっと細かくわからない、真っ白な世界、に感じます。

**天外**　今の話は、来月に行く潜戸と関係ある？

**Tya-Tya**　その場所のことです。ずっと伝えたくていましたといっておられます。彼女の魂が潜戸の岩のところに残っている、と。そのお祈りとご供養によって、彼女のエネルギーがどうなるのか、彼女がケアされることを望んでいるんですね。なぜならその場所はあまりにも冷たくて、寂しい場所だから。彼女の魂には次に行く場所があります、と。決めるのは彼女だけれども、その、タイミングとして、この（供養の）サポートがあるのはいいんじゃないかみたいな感じなんですよね。

参加者の方は、腰かけやすい石にそのお姫様のエネルギーがあるので、あんまりその辺の石に座らないで……。

ご供養が終わるまではそういうのにこう、気軽に座らないほうがいいようです。

そこの洞窟みたいなところから帰るとき、外を見るとき、差し込む光というのは特別なものです、と。

それはなんか、祝福であり、お礼のようなものらしいので、特別な波動の光だということなので、参加された皆さんは、それを味わってというか、感じてから出られるといいと思います。

そこに向かう船の中で、船に手をかけようとする黒い手に気を付けることっていうのと……、そこから帰るときの船に、伸ばす手というのは聖なるものの、ええと、海の精みたいな、その聖なるものの手だから、邪険にしないことっていうのと。心が開いていれば、どれも感知できることですけれども……。

## 困難な祈りを覚悟

この時のチャネリングでは、「船に手をかけようとする黒い手」という表現が印象に残った。

どうやら、この供養の祈りには目に見えない反対勢力がいるようで、どこかで妨害が入ることを覚悟した方がよさそうだ。

「今度は、相当大変な祈りになるかもしれない」というのが、正直な感想だった。

当初は出雲族の供養の予定だった。大和民族は出雲族も大勢虐殺し、その怨念を封印し、歴史から抹殺してきたのは明らかだ。

何があったか謎に包まれてはいるが、『葬られた王朝――古代出雲の謎を解く』（梅原猛、新潮文庫）、『謎の出雲帝国：怨念の日本原住民史　天孫一族に虐殺された出雲神族の怒り』（吉田大洋、徳間書店）、『幸の神と竜――古代がわかる鍵』（68ページ参照）などを読むと、おおよその雰囲気はつかむことができる。

『歴史の中の邂逅1　空海～斎藤道三』（司馬遼太郎、中公文庫）を読めば、出雲族の歴史を口承で伝える家系の一人、富當雄氏に関する情報も知ることができる。
10月8日に私が祈るとき、祈りの言葉がスムースに出てくるように、また出雲族の地縛霊のそばに気持ちが行けるように、これらの本を読み漁っていた。出雲族の虐殺も相当酷かったと推定できた。

ところが、アイヌや出雲族よりさらに昔に酷い虐殺事件があり、出雲族に対する供養をする前に、島根県の潜戸で虐殺されたクナト姫の供養が必要。それが、日本全体が解放に向かうためのもっと重要なキーだ、というチャネリング情報だ。

北海道の旅で供養したシャクシャインや越後庄太夫の場合には（『祈りの旅1』参照）、大和民族側とアイヌ側とでは伝承がかなり違うが、少なくとも何らかの記録はしっかりと残っている。ところが、クナト姫に関しては一切の記録はない。存在していたという保証もない。

ごくわずかなチャネリング情報しかなく、しかも「船に手をかけようとする黒い手に気をつけろ」と脅されている。

祈りの場所まで行きつけるだろうか。まともな祈りができるだろうか。
何となく、不安に押しつぶされそうになったが、途中で投げ出すわけにもいかない。

## 3　潜戸での祈り（2016年）

### 島根県延命寺でのパイプセレモニー

瀬戸内海をまたぐ橋は3本ある。そのうち、今治と尾道を結ぶ「しまなみ海道」は、六つの島を経由する風光明媚な観光名所として知られている。

2016年10月7日の朝、前日に松山で愛媛天外塾を終えた塾生たちは3台の車に分乗し、一路「しまなみ海道」を尾道に向かった。尾道駅で、早川英子、藤田桂子、小林哲博などの諸氏と合流。今回は、「祈りの旅」の一環になるかどうか不明だったため、記録映画撮影の吉岡敏朗監督は呼んでおらず、かわりに小林さんに臨時のビデオ撮影を依頼した。

尾道市で10軒以上の飲食店を展開する「いっとく」の山根浩揮社長にマイクロバスを出してもらい、彼の運転で一路、口羽和尚のお寺、吉祥山延命寺に向かった。

延命寺は、中国山地の分水嶺を超え、出雲の方向に半分くらい下ったところにある。駐車場から百段近い階段を登った見晴らしのいいお寺だ。毎月この庭で、大護摩が炊かれる。そのせいか、空気が清浄でとても気持ちが良い。

この日は、我々だけでなく、延命寺の信者さん方が大勢集まっていた。天候の都合で、庭での大護摩は中止となり、室内の護摩堂での祈りのセレモニーとなった。

最初がパイプセレモニーだ。通常は人の輪を作るのだが、この日は護摩壇に対して半円形に我々が並び、不動明王が輪の中に入る形で祈ることにした。

次の間には、ぎっしりと信者さん方が座っておられる。人数が多く、とても全員には無理なので、この半円形に並んだ人たちだけでパイプの回し喫みをすることにした。

私は中央の不動明王に対峙する位置に座った。

## 祈りは時を超える

パイプセレモニーでは、まずアワビの貝殻の上でホワイトセイジを炊き、イーグルの羽根で煙を身体にかけてお清めをする。

それを時計回りに順番に回していくのだが、今回は半円形なので、左端の人は不動明王に一礼して右端の人に渡す。次の間に控えている信者さん方にも回していただいた。

セイジが回っている間、司祭としての私がお話をする。内容は即興だが、ほとんどの場合、インディアン・フィロソフィーやパイプセレモニーの由来、民主主義や男女同権の思想がインディアン社会から近代社会に引き継がれた、などの逸話だ。

それから、七回に分けてパイプにたばこを詰める。これは、東西南北、天地、宇宙に対する祈りをあらわす。

それから、ひとしきり瞑想をし、セレモニーの中心となるお祈りをする。

それから、タバコに火をつけてパイプの回し喫みをする。

パイプが回っている間、口羽和尚のリードで般若心経を唱えた。

パイプセレモニーが始まってすぐにビッグママが大声で絶叫し、体をよじってのたうち回った。これはパイプセレモニーでは、たまに起きる現象なので私は放置していた。

このようなときに下手に止めようとしないで、エネルギーが全部発散するまで放置するのが原則だ。ビッグママの絶叫は、パイプセレモニーが終わり、次の護摩炊きに移ると静かになった。

私と早川以外は、このような現象をおそらく体験していないので、そこにいた人たちは全員、とてもびっくりしたと思う。心なしか、信者さん方の顔が青くなったように見えた。翌日、すべてが終わってからTya-Tyaから解説があった。じつはもう、この時点でクナト姫の魂がビッグママに入っており、処刑の時の苦しみと絶望の情動を表現していたらしい。これはとても不思議な現象で、まともな説明はできないのだが、このような祈りの儀式を実行しているとき、「時間」という概念が揺らぐことがある。

この日の私の祈りは、直接的にクナト姫には触れなかった。この島根県にはかつて出雲王朝と大和王朝の激しい戦いがあり、多くの虐殺があり、怨念が封印されてきた。それはいままで、日本列島全体の営みに少なからず影響を及ぼしてきたはずだ。いま、その封印が解放されようとしている。この延命寺が封印解放の光の拠点となることへの感謝の祈りだった。クナト姫に対する祈りの儀式は、この翌日に行われた。実際には、「黒い手」の影響か、祈りの儀式ができるかできないか、かなりぎりぎりの微妙な状況の中で、やっとのことで執り行われたのだ。

にもかかわらず、あたかも翌日の祈りの成功がわかっていたごとく、クナト姫があらかじめビッグママの身体を借りて情動を表現したことになる。二日間の一連の出来事が、あらかじめ計画されたようにぴったりと現実化していくのだ。

パイプセレモニーの最中に、大きな不動明王が私の前に立っているのがTya-Tyaには見えたという。

パイプセレモニーでは、創造主、母なる大地、すべての動物、すべての植物、すべての鉱物、そして我々の祈りをサポートしてくれている目に見えない精霊たちに感謝の祈りを捧げる。

見える人たちによると、私のパイプセレモニーでは、いつも先住民の精霊が大勢参加している、とのことだ。今回はその中に不動明王も入っていたことになる。何とも豪華なパイプセレモニーになった。

その日は、潜戸の近くの民宿に一泊。Tya-Tyaから、クナト姫に関する概略の説明があり、「チャネリング情報in新橋」の録音をみんなで聞いた。

夜の宴会では、口羽和尚の「イヨマンテ」の絶唱で盛り上がった。

## 潜戸への旅路に「黒い手」か？

旧潜戸は船でしか行けないので遊覧船を10時～11時30分の間予約してあった。ところが翌9日の朝出ようとすると、強風のため遊覧船は欠航、とのニュースが宿のおばさん経由で入ってきた。おまけに山根さんのマイクロバスのバッテリーが上がって出発できない。

前夜に録音を聞いていたので、「黒い手だ！」とみんな騒ぐが、なぜか楽しそうで深刻になる人はいない。

口羽和尚の車で私とTya-Tyaと三人だけ港に行く。

途中で地元の神社で祈祷。少しでも状況が変わって欲しい、という祈りだ。

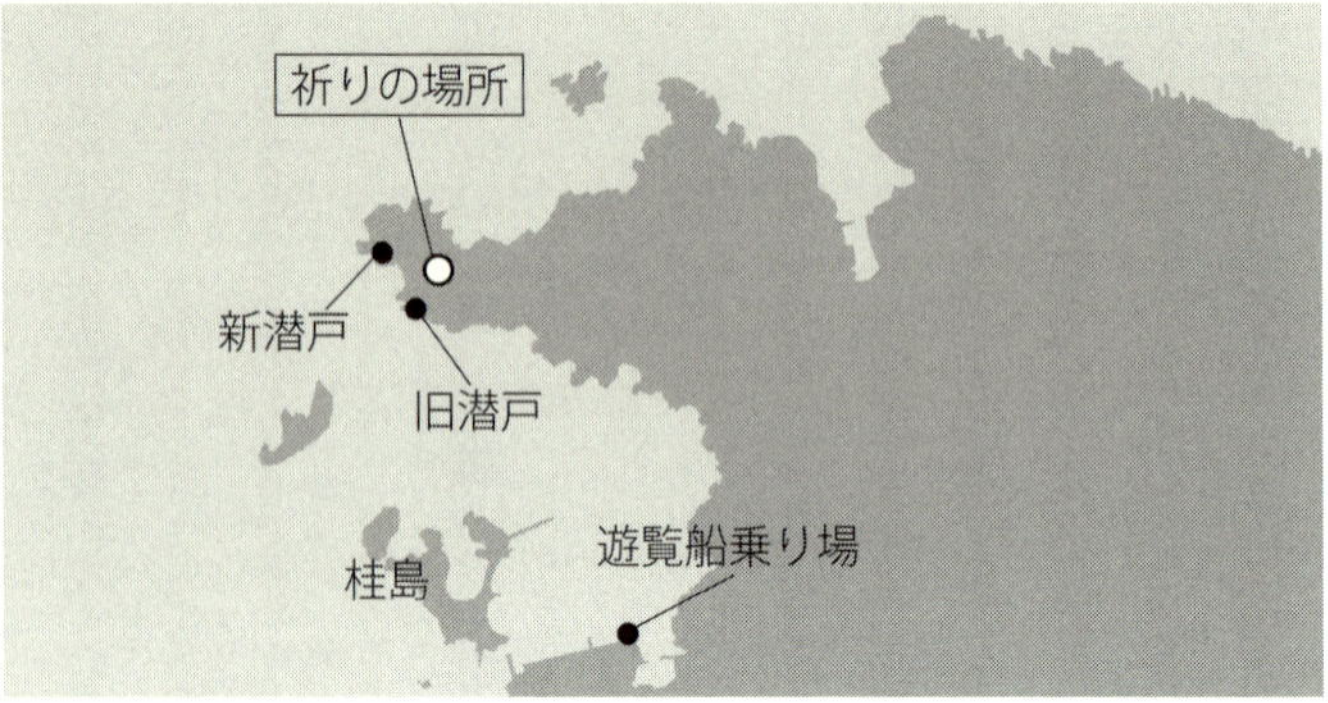


港では、東京大学の元研究者で、いま出雲に在住して椿関係のお仕事をしながら歴史研究と神事を実行しておられる志賀厚雄さんとお弟子さんと合流。

やがてバスも到着。

志賀さんの星占いで、祈りは12時過ぎがいいということ。「黒い手」が妨害していたというよりは、天の計らいの時間調整か？

しかしながら、昼になっても船は動かず、急遽、陸路で行けるところまで行くことにした。

半島の背に、マイクロバスが通れぬ細い道がある。そこを乗用車でピストン輸送。

森の中にわずかに開けた場所を見つけて、パイプセレモニーを行うことにした。後日グーグルマップで確認すると、ちょうど旧潜戸と新潜戸の中間地点、半島を龍とするとその脳天の位置だった。

5月の北海道での祈りではアシリ・レラさんがいたので、まず焚火を炊いてアイヌの祈りから始まった。私のパイプセレモニーは、もう場が十分に整っている中で、とてもスムースに祈りへ移行することができた。

今回は、いきなりパイプセレモニーから始めなくてはいけない。まず、輪の中央で焚火を炊いてもらった。周囲は鬱蒼たる森、下草も繁茂している。山火事になる危険性もあったが、ともかく祈りの場を念入りに整えたい。

この旅の後、高知で大きな祈りの儀式が計画されており、ビッグママはそのために護摩木を大量に用意していた。この旅に出かけるときに、突然、高知の祈りの儀式には行かないと決心をし、その護摩木を全部持ってきた。それが、焚火に使われている。

## 地球の祈りの集結か

この日の前夜、志賀さんはホピの長老のセッションに出ており、ホピの様々な祈りの小道具も持ってきてくれていた。

同じ長老が、数日前には神戸でもセレモニーを行っており、Tya-Tyaとビッグマママがそれに出ている。神戸という地名にも「戸」という字がついている。

この時期にホピの長老が来日しているということは、偶然にしては出来過ぎ。

元々、この「日本列島祈りの旅」は、ホピの長老が四国の剣山に来て祈る、という話が出発点だった（そのイベントは、結局中止になった。『祈りの旅1』参照）。

「数万年前に二つに分かれた民族が再び出会って合流する時に、地球の大いなる浄化が始まる」というホピの予言と、この「日本列島祈りの旅」は何らかの関連があるのかもしれない。

直感的に、とてつもなく大きな地球規模のストーリーのごく一部を私たちが担っているような気がする。だが、私たちが生きている間には、そのような大きなストーリーは、おそらく姿を見せないであろう。いろいろと、あらぬ妄想を巡らすより、自分たちの役割を粛々と実行するよりほかはない。

不思議なことに、2016年10月の2週間の間に、我々の祈りの旅以外にも、高知での祈りの儀式、ホピの長老による祈りの儀式、インドのヒンズー教女性僧侶サイマーによる富士山麓におけるマハーヤギャ（偉大なる厄除けの儀式）など、じつに多くの祈りが実行された。

高知の祈りは、当初は14万4000人集まると喧伝されたし（実際には比較的小人数だった）、マハーヤギャは五万本のバラの花を用意するという大規模な催しだった。他の二つは元々小規模。マハーヤギャも、当初は高知の室戸岬で計画されたので、何となく中国・四国・関西に偏っていた感がある。

これは何か、宇宙的な意味があったのだろうか。Tya-Tyaは、マハーヤギャ以外の三つの祈りに全部出た。志賀さんとビッグママは二つに出たことになる。この潜戸における祈りの儀式は、一連の祈りの一部だったのかもしれない。

## 森の中でのパイプセレモニー

パイプセレモニーでは、インディアンの敷物を敷き、ドラムなど祈りの小道具をたくさん並べる。志賀さんが用意してくれたホピの小道具も一緒に並べた。準備している間に、どんどん空気が重くなってきた。両肩に何かがのしかかっているようだ。

アワビの貝殻の上でお清めのセイジを炊いて回していると、ビッグママの絶叫が始

潜戸の森の中でのパイプセレモニー

まった。その間、私は何かお話をしたはずなのだが、どういう話をしたか、まったく覚えていない。空気はどんどん重苦しくなり、おそらく気もそぞろになっていたと思われる。

ビッグママの絶叫の中でセイジが戻ってきて、形式通りにパイプフィリングソングを歌ってタバコを詰めた。それからしばらくの間、瞑想をした。絶叫は、ますます激しくなっている。二人のヒーラーがビッグママについて、苦しそうにのたうち回る彼女を支えている。

瞑想が終わり、いよいよ祈りを始めるタイミングになった。何かが重くのしかかり、ちょっとした動作も、一言の言葉も、気合と共に意識しないと実行できない。

インディアン流の祈りが始まった。

「……私たちの祈りの言葉が、私たちの祈りの想いが、
すべての草に触れ、すべての木々のすべての葉っぱに触れ、
すべての動物たちの耳に入り、すべての鉱物を揺らし、
そして母なる大地に抱かれて眠っているすべてのスピリットに届きますように……。
地を走る兄弟たちよ、空を飛ぶ兄弟たちよ、水の中を泳ぐ兄弟たちよ、
植物の兄弟たちよ、鉱物の兄弟たちよ、
いまこの祈りの輪にどうか加わって欲しい。
そして私たちと一緒に祈って欲しい。
いつもパイプセレモニーのたびに参加してくれる、
多くの目に見えないスピリットに感謝します。
あなた方の助けなしに、私たちは祈りを完結できません……」

ここで、なぜか私の祈りの言葉は途切れた。ふと目をやると、ビッグママは激しくのたうち回って絶叫している。祈りの輪の全員が、目に見えない大きな黒い圧力に必死に

耐えているようだった。こんなに重苦しいパイプセレモニーは初めてだった。

私は、自分の祈りの力で、この状況を乗り切れるか不安になった。そして、この15年の祈り体験で初めて、ウイリアム・コマンダー大長老（2011年8月に逝去）のスピリットに助けを求めた。

この後、クナト姫に対する祈りに入っていったと思うのだが、私は超越状態に入ったらしく、一切の記憶が残っていない。

祈りが終わり、口羽和尚のリードで全員が般若心経を唱える中で、パイプの回し喫みに移った。ビッグママの絶叫は次第に静かになり、私は、どうやらうまくいったらしい、と胸をなでおろした。

ところが志賀さんが小さな声でつぶやいた。

「あ、スピリットが大勢集まってきた……」

ビッグママの絶叫がまた激しくなってきた。

私は、まだ終わっていなかったのかと唖然となった。

郵便はがき

恐縮ですが切手をお貼りください

101-0051

東京都千代田区神田神保町3-2
高橋ビル2階

株式会社 ナチュラルスピリット

愛読者カード係 行

| フリガナ | | 性別 |
| --- | --- | --- |
| お名前 | | 男・女 |
| 年齢 | 歳 | ご職業 |
| ご住所 | 〒 | |
| 電話 | | |
| FAX | | |
| E-mail | | |
| お買上書店 | 都道府県 市区郡 書店 | |

# ご愛読者カード

ご購読ありがとうございました。このカードは今後の参考にさせていただきたいと思いますので、アンケートにご記入のうえ、お送りくださいますようお願いいたします。

小社では、メールマガジン「ナチュラルスピリット通信」(無料)を発行しています。
ご登録は、小社ホームページよりお願いします。**http://www.naturalspirit.co.jp/**
最新の情報を配信しておりますので、ぜひご利用下さい。

●お買い上げいただいた本のタイトル

●この本をどこでお知りになりましたか。

1. 書店で見て
2. 知人の紹介
3. 新聞・雑誌広告で見て
4. DM
5. その他 (　　　　　　　　　　)

●ご購読の動機

●この本をお読みになってのご感想をお聞かせください。

●今後どのような本の出版を希望されますか?

## 購入申込書

本と郵便振替用紙をお送りしますので到着しだいお振込みください(送料をご負担いただきます)

| 書　籍　名 | 冊数 |
|---|---|
| | 冊 |
| | 冊 |

●弊社からのDMを送らせていただく場合がありますがよろしいでしょうか?

□はい　□いいえ

後から聞くと、クナト姫はパイプセレモニーで首尾よく再生のプロセスに入ったのだが、クナト姫と一緒に虐殺された一族の封印が、この時にようやく解けたのだという。幸いなことに、この後、口羽和尚の施餓鬼供養で、大勢のスピリットたちは光の国へ帰っていった。それと同時にビッグママもようやく解放された。

とても厳しく、大変な祈りになったが、終わった後の達成感もひとしおだった。

## クナト姫の舞

森から出てくると小さな駐車場がある。そこから、マイクロバスが停めてあるところまで口羽和尚の車でピストン輸送。

最後に私とTya-Tyaともう一人だけが残った。そこは森が開けており、海が見える。

このとき、空がとてもさわやかになり、雲越しの太陽が虹色に輝いていた。

それを感動して見ている私の右手に不思議な光が映っていた。

クナト姫からの婚約指輪か……？

雲越しに輝く太陽を見ると、右手に、指輪のような不思議な光が映った。

突然、Ｔｙａ-Ｔｙａが舞を舞い始めた。

もちろん伴奏もなく、静寂の中での舞だ。最初はとても優雅であでやかなゆっくりした舞い。次第に激しく色っぽくなり、バック転を含むアクロバティックな動きに変わり、最後は沖縄のエイサーのような舞で終わった。

後から聞いた話だが、この時点でクナト姫はようやく光の国へ帰ることができたようだ。そして、Ｔｙａ-Ｔｙａの体を借りてお礼の舞を舞ったのだという。

残念ながら、Ｔｙａ-Ｔｙａの舞を目撃したのはたった二人で、ただあっけにとられて見ていただけで、写真も残っていない。

この出来事で、クナト姫が舞姫だったことがわかり、それを「小説・クナト姫のものがたり」に取り入れた。

船着き場に戻ると、まだ船は欠航中でレストランには人がいなかった。そこを借りて、何が起きたのかをＴｙａ-Ｔｙａのチャンリングで聞いた。

## チャネリング情報 in 潜戸（クナト姫供養の説明）

2016年10月8日、島根・潜戸観光遊覧船乗り場レストラン

**天外**　何が起きたのか、聞いてください。

**Tya-Tya**　えっと、あの……クナトのお姫様は、あの……天に上がることができました。

**一同**　おぉー（拍手）

**Tya-Tya**　はい。しかもその、彼女のその対の男性神のもとに行きました。

**一同**　ほぉー。

**Tya-Tya**　ええと、昨日は、情報を伝えるのにストップがかかっていたんですけれども、昨日の晩御飯のときに、こういう風に印を組んで皆さんにお祈りをしていたときに、竜さん（愛媛天外塾の塾生の深川竜さん）が男性神の役をやるということが降りてきていました。

それからあとクナト姫が、その、舞を舞った後に上がるってことも降りてきていたんですね。

ただ、わかっていなかったのが、あの、ビッグママにお姫様が入っていたということがわかっていなくて、それも、昨日のパイプセレモニーのときにもうすでに開いてそれが起きていたということも、ちょっと私にはわかっていませんでした。

**天外**　昨日の延命寺で、すでにビッグママにクナト姫が入っていた？

**Tya-Tya**　そうです。クナト姫の状態は、その、本当に魂がもう、壊れてしまう寸前といったぐらいに、最初はなんていうか、おどろおどろしいというか、あの……良くない状態でした。

そして、ええと……その、クナト姫の、悲しみや絶望や痛みっていうものを、ビッグママが引き受けて、昨日のパイプセレモニーから、すごく苦しんでいたのです。

ヒーラーのサポートと、皆さんの祈りによって、そこの、悲しみや絶望というものが、癒されていったんですけれども、その過程で、〝もういや！　いや！〟っていう、叫びとか、泣き声とかが出てきたんですけれども、それこそ本当に、愛おしいというか、その……彼女がずっともう絶望の中で表せなかった感情だったんです。彼女のその対である男性神のことも、彼女はすごく迎えに来てくれることを望んでいました。

けれども、その、バイブレーションの違いによって、迎えに来ることが出来なかったんですね。その、彼女のバイブレーションはもうひどく落ちていたのです。

彼女は、ええと……そのクナト姫の魂は、ビッグママの中に入って浄化が進んでいって、再生のプロセスに入りました。

パイプセレモニーの最中に、早川さんが両手を持って前に座って、ビッグママは寝た状態で、私が、背中の後ろに膝を入れて、こう、胸に手を置いていた時間があったんですけれども、その姿勢というのが、再生のプロセスに入ったというサインでした。

そのあとは、その、クナト姫は再生のプロセスに入ったんですけれども、たくさんの、ほかの、浮かばれてない御魂が、ビッグママに入ってきました。とても苦しかったと思います。それを、あの、出雲の方が……。

**天外**　志賀さん。

**Tya-Tya**　そう、すみません。志賀さんが、そのことをすごくいってくださいましたし、そういったことを、見て取って必要なサポートをしてくださっていました。そして、全体の祈りとしては施餓鬼供養に入っていったんです。そして、施餓鬼供養で、たくさんの御魂がこう、ものすごい数、バーッと集まってあがっていって、それはものすごいスピードで起きたので、素晴らしいことでした。それで、すごくどんどん楽になっていったんです……。

ええと……いま宇宙語でちょっと続きを言う前に私が付け足したいのは、ビッグママもしくはクナト姫が、私の悲しみはこうやっていろんな人が癒しに来てくれても、誰にもわからないという風に、心の中で叫んでいました。

けれども、竜ちゃんのサポートが来た時に、その、それは彼女が待ち望んでいた男性神の迎えで、〝ああ、私の事をわかってくれる人が来た！〟……っていう風に、すごく感じたそうです。で、そのあとすごく楽になったと思うんですけれども、それは、施餓鬼供養の効果によるところが大きかったと思うんです。

終わった時には、ビッグママが〝竜ちゃんの癒しが一番効果があったわ〟といっていて（笑）、それがなんかですね、宇宙語とは別のところで個人的に面白かったところだったんですけれども……はい（笑）。

でも本当にいろんなことがすごく……すべてうまく働いて……いい結果になりました。そして、ええと……パイプセレモニーが本当にその、強力に場を開くということ……あの、そのことを……このようなことが可能となった背景として、そのパイプセレモニーが強力にこう、次元の扉を開いたというか、場を作ったということを……あの……お伝えしたいと思います。

再生のプロセスに入った状態で、祈りが終わったんですけれども、その……皆さんが車のピストン輸送でバスに戻られている間に、クナト姫が実際に上がっていかれました。
そのときには、Tya-Tyaが今度依り代として……クナト姫がTya-Tyaの身体に入って舞を舞っていきました。その舞というのは、最初は四方に向けた、四方に向けて礼を尽くす舞で、それでいて、身体をとてもこう、反る仕草のある、ちょっとしっとりした感じの色っぽい感じの舞だったんです。
そして、途中、艶やかなというか、ちょっとセクシーな感じの動きの舞になって、最後は沖縄の……エイサーっていうんでしたか、あの、足をあげて回転する舞がありますよね？　あれをして、上がっていかれたんですけれども、私の身体の限界がだいぶありまして(笑)
多分本当に行われてたらものすごく素晴らしい舞だったんですけれども、だいぶ、こう、……ちょっと難しかったです、はい。

**天外**

皆さんに見ていただきたかったけど、二人しか見ていなかった。びっくりして写真にもとらなかったよ。身体的な限界があって、十分な表現ができなかったということですか？

**Tya-Tya**　はい。そうですね。そんなわけで本当に、クナト姫が舞を舞ってからあがっていかれたということです。

で、その時の空とかは写真で撮ったので、皆さんと共有出来たらと思いますし、その時に、空を見上げている天外さんの指にこんな大きなサファイアのような光がこうやってついていたりして、それも見て頂ければと思います。

**天外**　写真はフェイスブックに出しますので見てください。

**Tya-Tya**　この土地や海の浄化が進んだってことでもありますし……その偉大な英知を持った光の、偉大な光の御魂があがって、またその……なんていうのかな、働くことができる……ということは、男性神と共に対になって働くことができるということが、本当に素晴らしいことだと思います。

長い時間だったんですけれども、その、祈りの言葉が、あの、般若心経のことだと思うんですけど、祈りの言葉が途切れず続いていたこと、音によってバイブレーションを常にクリアに保っていてくださったこと、あの……あの、たくさんの働きが本当に素晴らしかったたっていう……あの、何一つ無駄なことがなかったっていう風に、いっていいます。

最後のところは、なんかその、あの……なんかこう、悪とか魔とか、その、ちょっとこう、黒い手のことだと思うんですけど、一見悪いように見えることのなかにも、働きはあるみたいな……、その、働きにつながる魔と……魔……本当の魔……の違いは……人が行動をやめるかやめないかです、といっています。

その起きていることやエネルギーというのは、同じものだけれども、それによって人が行為をやめるのであれば、断念するのであれば、それは、その、魔として評価されるでしょう、と。

それを、その、やめない……やめなかったということが、そのことと、そのものの評価を変えるのです、と。

これはここだけの、その、閉じられた時空、つまりこの二日間とか三日間の閉じられた時空のことではなく、ここに至る長い長い多くの祈り……この土地への祈りと……これからのこの土地の働きと、過去、現在、未来のすべての時間軸のなかでの行為と出来事が交差して……。

例えば、この祈りの間に何かしなかったとしても、この祈りの前にいままでしてきたことが、ここにつながっていたり、この後につながっていたりする…んだそうです。

いま、その、洞窟、目のところからは、光が、光が……ええと……なんか……ライン……なんか太いのが一本と、中くらいのが一本と、細いのが一本、強い光が出るようになっています。光の道、光の道にさらに光がこう……なんか……なんていうか……強まっているというか……光が差し込むようになりました。

それは、未来を照射していく、未来に向けてさらに光というのは供給されていくものなんです、と。

あの……あの、ええと……適当な日本語が思いつかないんですけれども、とても、輝かしい……輝かしい成果っていったらいいんですかね、輝かしいことが起きましたっていう、本当に、……ということでした。ありがとうございました。

**一同**　（大拍手）

## 「クナト姫のものがたり」創作のベース

私は潜戸の旅の後に教えてもらったのだが、実は、Tya-Tyaには、潜戸の旅の直前にもクナト姫についての情報が降りてきていた。博多の薬師如来前に一人で宿泊していたときのことだったそうだ。

### チャネリング情報 in 博多（クナト姫の死）

2016年10月6日、福岡博多・薬師如来前（記録Tya-Tya）

彼女の暮らす民族の顔はのっぺりつるんとした卵型だった。
幾世代か前に良い土地を見つけ農耕を始めた。
土地には龍や蛇を敬う、原始的な骨格を持つ狩猟民族がいた。

神の声を聴くクナト姫の自然観は、狩猟民族の心を理解した。
彼女は異質であるがゆえに龍蛇族に興味を持ち、
その自然観に共感していた。
なにより彼女は龍と交流があった。
生身の人間としての彼らを理解していたわけではなく、
彼らはクナト姫にとって異質で孤独な自分の投影だった。

二つの民族間のストレスは、それぞれの信仰を通じて
暴れる力となった。
それほどまでに信仰は大切だった。
それはこの地球で生きるための導き、
光であり、生きることそのものだった。

龍蛇族は海辺に追われた。

その日、なぜクナト姫が彼らと一緒にいたのかわからない。
民族を守るための人質としてさらわれたのかもしれないし、
クナト姫が彼らの暮らしを垣間見に、たびたび彼らを
見舞っていたのかもしれない。

洞窟に追われた彼らは虐殺された。
一部焼かれた者もいた。

惨劇のさなか、クナト姫の右の膝が打ち壊される。
それは龍蛇族の怒かれる一人の若者のしたことだった。

クナト姫の胸は悲しみと自責の念に引き裂かれた。
神格をもっていた彼女の魂は、低いバイブレーションに捕らわれ、
大いなるひとつに帰ることができなくなった。

その後、翌年2017年、青森の旅のためのチャネリング情報を降ろしてもらった。旅は5月に首尾よく終わったが（4章参照）、それ以降、Tya-Tyaにはチャネリング情報が一切降りてこなくなった。クナト姫に関しての情報源はぷっつりと断ち切られてしまったのだ。

私は、潜戸での虐殺事件に関して、これらわずかで断片的なチャネリング情報（新橋・松山・潜戸・博多）をもとに、フィクションを書くことにした。それが冒頭の「クナト姫のものがたり」だ。私には普通の意味でのチャネリング能力はないのだが、この物語は想像と推定と創作を通しての、私なりの一種のチャネリングだ。フィクションなのだが、何となく、この通りのことが本当に起きたような気がしている。

ここで冒頭の「クナト姫のものがたり」について少し補足したい。

イメルレラ族が女性社会であり、セックスは女性上位だったという記述は、『幸の神と竜——古代がわかる鍵』（68ページ参照）に書かれている出雲族の文化からヒントを得た。

同書には、龍蛇族としての出雲族の生態、古代民族におけるトーテムの概念なども詳しく書かれている。大和民族と出雲族の闘いも、鳥族と龍蛇族のトーテムの違いから読み解くことができる。冒頭のストーリーでは、トーテムの違いを主要なテーマに据えた。

フーカという人物は創作だが、実際に潜戸における祈りの儀式で重要な役割を担ってくれた深川竜さんからイメージした。「チャネリング情報in潜戸」を参照されたい。彼の本名が「竜」というのも象徴的だ。龍は出雲族のトーテムであるだけでなく、ストーリーの中心課題だ。クナト姫の右膝が砕かれたというチャネリング情報から、フーカは左利きにした。舞台の上に立っているクナト姫を、左手で持った武器で襲えば右膝が砕かれる。オオババ様は、潜戸での祈りの儀式で、はからずもシャーマンの役割を担ってくれたビッグママ（増田かおりさん）からイメージした（2章参照）。クナト姫はＴｙａ‐Ｔｙａのイメージだ。

カングウン族、イメルレラ族などの部族の名前、族長のタカの名前は、吉島陽子さんのチャネリングで降ろしてもらった。彼女はチャネラーで、吉岡敏朗監督が撮影している記録映画「日本列島祈りの旅」のカメラ担当である。イメルレラというのはアイヌ語で「光の風」、あるいは「太陽の風」という意味だ。

私は当初、「クナト姫の属していた部族名、それと対抗していた部族名とその族長の名前」を吉島さんに聞いてもらったのだが、どうもそういう単純な話ではなく、カングウン族も族長のタカも、むしろ巻き込まれたのかもしれないという情報だった（5章参照）。

# 4　青森での祈り（2017年）

年が明けて2017年5月20日～22日、「日本列島祈りの旅」は青森に向かった。

前年の北海道の祈りでは、300年以上封印されていたシャクシャインと越後庄太夫の御霊を首尾よく上げることができた。旅は、北から南に順番に降りてゆき、いつになるかはわからないが、最後は沖縄の久高島で終結する予定だ。

本書で記述している潜戸での祈りは、その番外編。Tya-Tyaのチャネリング情報によると、この旅全体のベースが潜戸になるということだ。

青森の祈りでは下記のような活動を行った。

## ①　20日（土）　小金山神社（青森市入内駒田116―4）

首と胴とを別々の場所に埋葬されていたアイヌの英雄、大丈丸の霊を上げた。

大丈丸は、赤黒く鬼のような形相をしていたと伝わっており、「ねぶた」や「なまはげ」のルーツになったともいわれている。首と胴を切り離して別々に埋葬するのは、死後の霊力を封じるためであり、その場所に御霊を封印して再生できないようにするおまじないの一つ。神社を建立するのも封印の手法のひとつ。

胴が埋葬されている社は揺れている、とアシリ・レラさん。皆でそこで供養してから、口羽和尚、Tya-Tya、私などは首が埋葬されている祠に登る。

Tya-Tyaが実況中継。

「あ、いま胴が自分の首を持ち上げています。なかなか上がりません」

しばらくして、口羽和尚が車から小型の「五輪の塔」を持ってきて地面に刺した。

それからしばらく祈った後、違う方向を向いていた口羽和尚とTya-Tyaが同時に、「あ、上がった」。

「五輪の塔」は、首を切られた武将の御霊を上げるときなどに有効、と口羽和尚。

どうやら、見えない、実体のない霊の世界でも首と胴がつながらないと成仏できないらしい。何も見えない私は、ただ、あっけにとられて放心状態。

②**20日（土）高楯城跡、妙龍寺**（五所川原市飯詰福泉29）

このあたりで虐殺された多くのアイヌの供養。

③**20日（土）宿川原**（南津軽郡大鰐町宿川原）

ベケレマツ（朝日姫）が処刑された場所。大村憲子さんによる奉納舞（148ページ〜）

④**21日（日）石戸神社**（弘前市湯口一ノ安田70）

天外によるパイプセレモニー。ベケレマツ、アイヌの女性シャーマンおやすさん（めのこ酋長）などの供養（154ページ〜）

おやすさんは、とても身体が大きく、霊力が飛びぬけて強いシャーマンで、族長の地位にあったという。立場上、坂上田村麻呂の軍と戦うことになったが、本来は心優しく、戦いを好まない人であったらしい。ただ、霊力が強いので坂上田村麻呂は相当にてこずったと伝えられている。冒頭のフィクションで登場したオオババ様は、おやすさんのイメージが重なっている。

⑤ **21日(日) 鬼神社**(弘前市鬼沢菖蒲沢)

このあたりで殺された大勢のアイヌの供養。

祈りの場所のほとんどは、アシリ・レラさんが決めたが、ベケレマツの供養と宿川原における儀式はＴｙａ-Ｔｙａのチャネリングで決まった。

## ２０１７年３月、麻布でのチャネリング

まず、そのチャネリングから紹介しよう。

２０１７年３月12日、私が講演するバイオレゾナンス医学会の月例会にちょうどＴｙａ-Ｔｙａが来てくれたので、このチャネリングは、それが終わった後に喫茶店で行われた。早川英子と桐島洋子とノエル親子、もう一人翌月から開業する女性の歯科医が同席していた。

## チャネリング情報 in 麻布（青森の旅、アサヒさんとおやすさん）

2017年3月、東京・麻布十番喫茶店

こんどの旅で私たちが訪れる場所をまもっているのは、「朝日」に関係する名前のアイヌの女性です。

アサヒさんは672年、八つ裂きの刑によって亡くなりました。手足を縄で結んで引っ張り、頭がい骨が崩れるほど残虐なものでした。

処刑したのは権力ある男性で、髭が濃くて、ほりの深い顔立ちでした。アイヌかどうかわかりませんが、入れ墨はありません。魂を売った人、つまり、伝統的な風習を棄てて違う生き方をしていた人かもしれません。

アサヒさんは女性たちに絶大な信頼があり、アサヒさんがその権力者を支持しなかったために、女性たちも彼を支持しませんでした。彼は男性としての自尊心を傷つけられて激昂し、見せしめとしてアサヒさんを殺したのです。殺されたのはアサヒさんだけでしたが、その状況を見聞きした女性たちの魂の多くが、恐怖や萎縮のあまり死んでいきました。

近くにあるトンネルには邪気がたまり、さらに共鳴する邪気が次々と引き寄せられています。強い怒りや念が集まっていて、それぞれのオリジナルの核が分けられないくらいの、塊となっています。

もともとの邪気は、その権力者の怒り一つだけでした。幼い頃、母親に拒絶されたという痛みが、小さな種となって始まっています。トンネルのある山には大きな岩があって、彼の想念のようなものがべったり張り付いています。そこは彼が恋人と逢引する場所で、彼はその恋人にも裏切られています。

——トンネルから少し離れたところに、そのトンネルと東北になされた封印のために、アイヌの女性シャーマンが祈っていた場所があります。

私たちの「祈りの旅」では、そこで祈るといいでしょう。

トンネルにたまっている想念のかたまりに直接祈りを届けるのは難しいので、まずその女性シャーマンの御霊にエネルギーを送って、その御霊から祈りを届けてもらうのです。

天外さんはそこでパイプセレモニーをするので、天外さんのエネルギーフィールドに必要な情報とバイブレーションを、宇宙からダウンロードしておきます。

祈る場所は、レラさんがご存じです。


レラさんが見せてくれた地図に「おやすさん」とありますが、それがその女性シャーマンです。

彼女は過去も未来も見ることができ、未来そこにトンネルができることによって、東北になされた封印に破れができることもわかっていました。彼女は魂の誓いによって、そこの封印の破れをまもってきました。

おやすさんとアサヒさんは別の人であり、おやすさんにエネルギーを与えることと、アサヒさんの魂に祈ることは、別の仕事です。

アサヒさんは、おやすさんに光を与えて助けている、光の存在です。アサヒさんは誇りのうちに亡くなり、もう天に還っています。

ただ、殺した側に業が残り、強い想念が残っているのです。


――トンネルの上のほうに、地震によって亀裂が入っているイメージが浮かびます。

トンネルの壁にひびが入っているのか、シールドの向こうで山に亀裂があるのかわかりませんが、その亀裂によってエネルギーのバランスがさらに崩れています。

並行して走っている道路の小さめのトンネルのほうにも邪気がたまり、封印が弱まっています。トンネルの修復工事も大切で、それは見える世界の中で専門家が動いています。

見えない世界での改善がなされることで、工事も助けられるでしょう。いまのままでは亀裂の修復は進みませんし、無理に修復しようとすると一人の男性の命が危険にさらされます。

祈ることと、エネルギー的にクリアにすることが、とても大事です。

すると、工事が進むだけでなく、そこを通って行き来する人にも助けになります。

地下に抑え込んで蓋をしていたのに、地震で割れ目ができたということは、危険なことではありますが、浄化のチャンスでもあります。


――東北には封印として、三角が二つ組み合わさった六芒星のような、光の道がひかれていて、トンネルはその封印の道にかかっています。

Tya-Tya(宇宙語での情報ダウンロードのため、主語が三人称になっている)が先日、塩釜でセッションしたのは、封印のことと関係しています。

封印は空海がおこない、その足跡をたどるように、Tya-Tyaは今セッションに呼ばれています。これは東北の封印や三浦半島の天外さんの土地と関係がある、下準備です。

新しい封印、新しい光の魔法陣が日本にひかれようとしています。

いろいろな人たちがそれぞれの活動として、いろいろな場所で土地の浄化、光を増す、光をつなぐことをしています。Tya-Tyaや天外さんがしていることは、たくさんの人でおこなっているプロジェクトの一環です。

――島根の潜戸の浄化をおこなったことで、そこの洞窟から三本の光の道がよみがえりました。

大中小の三本の道で、一つは三浦半島の天外さんの土地とつながり、さらに太平洋の島とつながっています。王さまの御霊のいる島で、地理的にはハワイより南西になります。この光のラインは太く、その意義はとても大きいものです。

もう一本の道は、東北のほうに光を供給する、光のラインになりました。

三つめの道は、三浦半島を通ってアラスカのほうに向かいます。

このラインはさらにイングランドとつながり、大三角形を形作っています。この大三角形の中に入る土地は、これから豊饒のときを迎える土地です。

イングランドのパワースポット、グラストンベリーと、高知にある唐人駄馬は、エネルギー的につながっています。

グラストンベリーは、宇宙に開かれた地球上最大のポート、港です。グラストンベリーにエネルギーを供給している場所は地球上にいくつかあって、その一つが高知の唐人駄馬です。

グラストンベリーと唐人駄馬をつないで、さらに島根をつなぎ、三浦半島につなぐと、三角形のリボンのようなものができます。この小さな三角のあたりはエネルギーが活性化しているため、その関係もあって、Tya-Tyaはそのあたりによく呼ばれるのです。

――

「東北・祈りの旅」に行く前に、天外さんは三浦半島の土地で祈るといいでしょう。するとと祈りのラインが強まって、旅のあいだにたくさんのサポートのエネルギーが届けられます。

太平洋の島の王さまの御霊のサポートも、得られるようになります。

王さまはカナロス2世とか3世という名前で、東北の土地とは直接関係ありませんが、海の生きものたちを愛し、その命とのつながりが強く、天外さんをサポートしたがっています。

三浦半島での祈りは、王さまの魂からのリクエストで、天外さんがそれを受けることによって王さまとの霊的なつながりが強まり、サポートを得られるようになります。


お祈りは満月の晩がいいそうです。

海のほうを向いて、坐禅をくんでいる天外さんの姿が見えます。右後ろに男性がひとり、後ろに女性三人、さらにその後ろに女性二人がいるのも見えます。

祈っていると、かなり高いところにある星が、天外さんに語りかけるでしょう。

王さまは、その星を通してエネルギーを届けようとしているので、どうぞ受けとってください。

## その足で急きょ三浦半島へ

私は、瞑想センター建設予定地として三浦半島の先端付近に500坪の土地を持っているが（『祈りの旅1』参照）、そこで祈れとのことだ。調べると、この日（3月12日）は満月で、この日以外の満月は予定がつかない。

急遽、そこにいるメンバーで三浦半島に行くことになった。チャネリングでは、女性五人、男性一人だったが、現実は女性四人になった。

ちょうど月が出る時間に三浦半島に到着、祈りを捧げたが、星からのメッセージは受け取れなかった（あるいは、無意識のうちに受け取ったのかもしれない）。

でも、アイヌ、出雲族、クナト姫だけでなく、太平洋の島の王様まで出て来たり、英国のグラストンベリーまで結んで、何やら賑やかでスケールの大きな話になってきた。

## アサヒさんの処刑場所を探求する

このチャネリングに出てきた、処刑場所を特定するのは、かなり苦労した。

青森でアシリ・レラさんのサポートをしている高橋延之さんご夫妻のご協力を得て、ようやくぴったりな場所が見つかった。

それが宿川原だ。東北自動車道のトンネルと一般道のトンネルがあり、大きな磐座《いわくら》がある。磐座に面して広場があり、お寺と焼き場と墓場がある。

近くに大きな川が流れ、山のふもとの素晴らしい場所なのだが、おそらく昔の処刑による邪気が強くて一般住宅は建てられないのだろう。お寺でパイプセレモニーをやりたかったのだが、断られてしまった。

処刑された姫が「朝日」に関連する名前だというので、「朝日」をアイヌ語でどういうか、アシリ・レラさんに聞いた。「ベケレ」とのことだった。

ところが、東北に行ってから詳しく聞くと、「ベケレマツ」という名のお姫様は、アイヌなら誰でも知っているが、アイヌ民族ではなく、アソベ族だという。

はるか昔に、大陸からアソベ族とツボケ族が渡来して東北に住み着いた。

アソベ族は岩木山のふもとに住んでいたのだが、岩木山が噴火して住めなくなり、平地に出て来てツボケ族と激しい争いになったという。

その話と、チャネリングの情報がどうつながるのかはよくわからぬが、ひとつの可能性としては、べケレマツの属していたアソベ族が戦いに敗れ、女たちが人質になったが、敵の首領のいうことを聞かなかったので処刑された、というストーリーだ。

この当時、男系の部族では、戦いに負けた部族の女性たちの多くは勝った側の首領の側室になるというのが常識だっただろう。

前回の潜戸での祈りでは、クナト姫が最後にTya-Tyaの身体を借りてお礼の舞を奉納したのが印象的だった。おそらく古代、神に仕える女性たちの多くは、歌と舞を磨いたことだろう。いまでも、世界中いたるところの先住民は、神と繋がる大切な手段として歌と舞を大切にしている。

今回、べケレマツに祈るにあたって高知の舞姫、大村憲子さんに白い衣装を着て、巫女舞を奉納するようにお願いしていた。べケレマツも舞姫だったという想定だ。

## 石の舞台での奉納舞

5月20日、アシリ・レラさんが選んだお祈りの場は、磐座からすこし離れた河原の土

川の中の石の舞台で舞の奉納をする大村さん

手の上だった。おそらく、ここでおやすさんが祈っていたのだろう。
3メートルほどの土手を下りると、川の中に石の舞台がある。大村さんは、迷わずに石の舞台によじ登り、舞の奉納を始めた。私はあわててケーナ(南米の民族楽器、縦笛)を掴んで土手を下り、石の舞台のすぐ前まで行った。舞の伴奏をするためだ。
川が流れる音が高く、すぐそばまで行かないと聞こえない。遠くでアシリ・レラさんの叩くドラムの音がかすかに聞こえている。
当初は、アシリ・レラさんがアイヌの歌を歌い、その伴奏で奉納舞を舞っていただく予定だった。ところがこの距離では歌は聞こえない。急遽私が笛を吹くことにした。即興演奏で日本調だ。

この日の奉納舞を、私は一生忘れることはないだろう。優雅で美しく、あでやかで、でもそれだけではなく、妖気にあふれ、鬼気せまるものがあった。後からアシリ・レラさんに聞くと、ベケレマツの霊が大村さんに乗り移っていたのだという。

## ベケレマツの霊を払う

大村さんは、ひとしきり踊ると石の舞台を下り、猛獣のようなしぐさで踊りながら川を渡って土手を登り、アシリ・レラさんの元まで行った。

「何となく、アシリ・レラさんのところに行かなくてはいけないと感じた」

と大村さん。アシリ・レラさんにいわせると、

「このままでは、大村さんがベケレマツの霊に持っていかれる危険性を感じたので、呼び寄せたのだ」

とのこと。見事に想念が伝わったことになる。

その場でアシリ・レラさんは、大村さんからベケレマツの霊を払った。Ｔｙａ-Ｔｙａ

のチャネリングでは、ベケレマツ（朝日姫）の御霊はもう上がっている、とのことだったが、アシリ・レラさんは、いやまだ地縛霊として漂っているという。

たしかに大村さんの鬼気迫る舞は、ベケレマツの霊の影響を感じさせられたが、私は潜戸でクナト姫の霊がビッグママやTya-Tyaに入ったのを目撃しているので、それを聞いてもあまり危険とは感じなかった。この奉納舞が翌日のパイプセレモニー成功の伏線になったのは確かだ。

アシリ・レラさんは、

「明日、ちゃんと供養の祈りをするので、今日はおとなしくしてください」

と、ベケレマツの霊に呼び掛けて、大村さんから霊を払ったと後から聞いた。

なお、冒頭のフィクションで、クナト姫やオオババ様が立った石の舞台は、この時大村さんが踊った石の舞台からイメージした。ただ、潜戸の賽の河原にも、海中に似たような石の舞台がある。この宿川原と、賽の河原は何かがつながっているような気がする。

当初私は、ここでパイプセレモニーをする予定だったが、奉納舞が終わった時、それは必要ないことがわかった。ベケレマツとおやすさんに対する祈りは翌日の石戸神社に持ち越された。

ベケレマツの処刑は672年、坂上田村麻呂と阿弖流為の激しい戦いの約100年前だ。おやすさんは、おそらく坂上田村麻呂に殺されている。その二人が100年の歳月をへだてて霊的につながっていた、というのがTya-Tyaのチャネリング情報だ。

## 「統合」へ向かう祈り

川の向こうに夕日が沈む。一面夕焼けになってきた。吉岡監督から、皆で夕陽を見ているシーンを撮りたいとの要望があり、一同土手の上に並んだ。どうせ演技をするなら、インディアンの祈りをしようと思い、私は大声で祈りの言葉をとなえ始めた。

祈っているうちに大変なことに気が付いた。

私たちは「日本列島祈りの旅」で虐殺された怨念の封印を解く、ことに集中してきたが、じつは虐殺したサイドの御霊も上がっていないのだ。

ベケレマツの処刑は、はるか昔の事件なので、そこで何があったのか、虐殺したサイドの人々が、どういう人たちだったのか、その後どういう人生を歩んだのかは、たどりようもない。

しかしながら、理不尽な仕打ちをした人たちも葛藤が強かったことは間違いなく、その葛藤のために苦悩の人生を送ったであろうことは容易に推定できる。死後に光の国へ帰れなくなったとしても不思議ではない。

この宿川原近くの二つのトンネルにぎっしりと詰まっている邪気は、おそらく虐殺した方の怨念が中心だろう。


**「日本列島祈りの旅」では、虐殺された人たちの御霊だけではなく、虐殺したサイドの御霊の供養もする。**


「分離」の状態の視点で見ると、「虐殺された人々＝いい」「虐殺した人々＝悪い」というパターン化をしがちだ（『祈りの旅1』参照）。つまり、すべてを「正義・悪」の対立構造で認知するので、「虐殺した人々」を悪として切り捨てるのだ。

「日本列島祈りの旅」をインディアン・フィロソフィーでとらえると、怨念の封印によって「分離」されている母なる大地を「統合」していくアクティビティだ。それは、母なる大地の上で暮らす私たちの精神が「分離」から「統合」へ変容していく助けにもなるはずだ。「虐殺した人々」を切り捨てるということは、その方向に逆行する。

このときたまたまインディアンの祈りをしたことによって、私は「日本列島祈りの旅」の基本につながる、とても大切な気付きが得られた。これは「統合」に向かう祈りなのだ。

## 石戸神社でのパイプセレモニー

翌日は、石戸神社でパイプセレモニー。

神社の裏側に、直径10メートル位の少しへこんだ土地がある。ここに、大勢の女性が埋葬されたとアシリ・レラさん情報。Ｔｙａ-Ｔｙａは、その大勢の女性たちの死体をありありと感じたという。

神社は大和民族が怨念の封印のために建立する。石戸神社と「戸」の字がついているのは、まさにここで呪術が実行されたことを表している。おそらく、死者の周りに石を並べて怨念を封印するための結界を張ったのだろう。神社が建っているということは、大和朝廷が関与しており、虐殺されたアイヌの怨念がここで封印されたと推定される。

石戸神社でのパイプセレモニー。パイプに火をつけ、回し喫みをする。

アシリ・レラさんは直感的にこの場所に呼び寄せられて、いままでも祈ってきたが、アイヌの口承の歴史の中にも、誰が埋葬されたかは出てこない。それが、〝おやすさん〟だったのか、よくはわからない。

ベケレマツの処刑は、坂上田村麻呂の戦いより100年も前の話なので、大和民族が関係していない可能性もある。だが、ひょっとすると、ベケレマツの遺体がここまで運ばれて埋葬された可能性もある。一度「穢れ地」ができると、そこが次の悲劇の舞台になりやすいので、あるいはいくつかの悲劇が重畳して石戸神社が建てられたのかもしれない。


ともかく、埋葬されたという場所を中心に円陣を組んだ。

わたしは、アシリ・レラさんと正対する位置に座ったが、私が座った場所に鷹の羽が落ちていた。これは大変な意味を持っているとアシリ・レラさん。

その日はイーグルの羽根を使わず、この鷹の羽根を使って儀式を行った。

祈りは、ベケレマッとおやすさんと、ベケレマッを虐殺した人々にも光の国に帰るように呼び掛けた。確かな手ごたえがあった。アシリ・レラさんによると、ベケレマッとおやすさんは、このパイプセレモニーで無事に上がっていったという。ただ、虐殺したサイドの怨念は、必ずしも全部は解放できなかったように思う。

上記の気付きは、前年の潜戸の祈りが片手落ちだったことを教えてくれた。クナト姫と虐殺された一族に祈ったが、虐殺した人々への祈りも必要なのだ。

私は、10月に再び潜戸を訪れることを決め、口羽和尚と大村憲子さんに日程の確保をお願いした。クナト姫との交流には奉納舞が最も効果がありそうなことは、前年の

Tya-Tyaの舞でわかっていた。大村さんの奉納舞に期待が高まる。

この旅の最中にも、Tya-Tyaには宇宙語が降りて来ていたが、いつもの宇宙語とは違い、かなり訛りがひどいことが気になった。それっきり、Tya-Tyaにはチャネリング情報が降りてこなくなってしまった。何が起きたのかは、私には一切わからない。

# 5　再度、潜戸で祈る（2017年）

## 2度目の潜戸

2017年10月7日、再度みんなで潜戸を訪れ、祈ることになった。

前回と同じく、松山での愛媛天外塾の翌日。塾生が大勢参加してくれる。

また、Tya-Tyaは海外旅行のため、この旅には参加できないというので、たまたま7月に不食の指導者ジャスムヒーンのセミナーで出会ったチャネラーの伊藤由美子さんに来ていただいた。伊藤さんは、天外塾の塾生のビジネスシーンなどで、チャネリングのサポートをしていたので、名前は知っていた。

今回は、大村憲子さんの奉納舞で、すでに光の国へ帰っているクナト姫に呼び掛け、その助けを借りて彼女を虐殺した人たちに祈る予定だ。ところが虐殺した人々に関する情報はまったくない。頼りのＴｙａ-Ｔｙａは、すでにチャネリングの力を失っている。

そこで、３章で書いたように、吉岡監督の助手の吉島陽子さんにクナト姫の属していた部族名、それと対抗していた部族名とその族長の名前をチャネリングで降ろしていただいた。何回かのやり取りの後、ほぼ固まった情報として、イメルレラ族、カングウン族、族長のタカなどの名前が判明した。ただし、カングウン族もタカも、どちらかというと巻き込まれたのかもしれない、との情報も降りてきた。

また、この一連のチャネリングの中で、吉島さんは潜戸のあたりを守っている女神に繋がった。冒頭のフィクションでは、それを出雲族の女神アラハバキとして出現させた。

今回は、塾生の池上裕仁郎さんが、マイクロバスを出してくれたので、全員揃って松山から出発できた。

池上さんは、２０１５年にＴｙａ-Ｔｙａと一緒にイギリスのグラストンベリーに行き、ＵＦＯに吸い上げられて宇宙旅行をするという、きわめて怪しい体験をしておられる。

そのあたりのいきさつは、Ｔｙａ-Ｔｙａの『シフォア・コズミック・チャンネル』（81ページ参照）に詳しく書かれている。池上さんは、多くのＵＦＯを見たところまではははっきり記憶しておられる。しかしながら、Ｔｙａ-Ｔｙａの記述とはすこし異なり、ＵＦＯに乗ったというのは、実体験だったのかビジョンだったのか朦朧としているという。

今回の愛媛天外塾の塾生の中には、池上さんを含めて、出雲大社に定期的に参拝している人が４人もおられた。やはりこの旅は、どこか上の方でシナリオが書かれているのは間違いない。

## エンジェルライトの出現

松山から、しまなみ海道の出発点の今治までの道は、東側に山が見える。その山の上空に、この世のものとは思われぬほど美しい光景が出現した。一面に雲があるのだが、その雲が何キロメートルにもわたって途切れ、そこに光のカーテンが降りているのだ。雲の間から光が差す、いわゆるエンジェルライトという現象で、通常は数本の光の筋として見える。だがこの時はそうではなく、はるかに大規模で華麗な光の

エンジェルライト

カーテンが出現した。長年生きているが、これほどに美しく神秘的なエンジェルライトは初めてだ。

前にも書いたが、祈りのワークは往々にして時間を超越する。実際の祈りは、午後になるのだが、このエンジェルライトは、すでに祈りの結果をはっきりと示しているのが私にはわかった。

## 加賀神社での祈り

前年と違い、今回は寄り道なしに潜戸に直行。宍道湖上空には、龍のような雲がでた。

もしTya-Tyaが来ていたら、龍が見えたのかもしれない。2011年3月11日以降、龍が見える人はそれほど珍しくはなくなっている。今回の旅には参加していないが、愛媛天外塾の男性で頻繁に龍を見る塾生が一人いた。ただし、松山からの同行者は、誰も龍は見えない。

潜戸のすぐ近くの加賀神社で、口羽和尚、志賀さん、吉岡監督、吉島陽子さん、大村憲子さん、そして大村さんが連れてきた、チャネラーの清水晶さん、風の奉納をする麻風さんなどと合流。志賀さんの要望により、ここで参加者の安全のための口羽和尚による祈祷と志賀さんの祝詞の奏上を行った。

今回は「黒い手」の影響がないせいか、穏やかな海を5分ほどで旧潜戸の船着き場に到着。吉島陽子さんに降りて来ていたメッセージに基づいて、ビッグママは頭に白い麻のスカーフをかぶっていただいた。そのメッセージから、今年も何らかのお役目がありそうだと予測されたが、昨年の大絶叫の経験があるだけに、ビッグママも戦々恐々だった
船から降りた時に吉島さんに再びメッセージが来て、

「祈りが終わってから、ビッグママに歌を歌ってもらってください」

とのこと。

「どんな歌」と聞くと、「童謡でも何でもいいそうです」という。

おかしなメッセージだなと思ったが、帰りの船の中で歌うようにお願いしようと思い、そのときにはビッグママには伝えなかった。

さわやかなエネルギーを感じる賽の河原

この、ビッグママが歌を歌うというメッセージが、すばらしい祈りの展開を暗示していたとは、この時点では予測はできなかった。

当初は、船着き場の岸壁の上で祈ろうかと思ったのだが、念のためトンネルをくぐって賽の河原に行ってみると、異様な光景と空気にびっくり。トンネルの中はたくさんの地蔵菩薩の像があるにもかかわらず、邪気でいっぱい。

でも、賽の河原はおどろおどろしい光景にもかかわらず、

トンネルの中でのパイプセレモニー。右から口羽和尚、志賀さん、天外、伊藤さん、ビッグママ。

さわやかなエネルギーが流れていた。ここで祈ることにした。

大村憲子さんは、当初は海中にある石の舞台の上で踊ろうかと申し出てくれたが、そこまでの坂には、地獄の幼児の霊が積んだとされる石の山がそこかしこにある。

そこに入ることははばかられたので、普段は子を亡くした親が祈る狭い通路での奉納舞をお願いした。そうすると、パイプセレモニーをやる場所がなくなる。私たちは、トンネルの中に苦労していびつな円陣を組んだ。

私がパイプセレモニーの準備をしている間に、口羽和尚とビッグママが、早くも施餓鬼供養を始めた。賽の河原なので、幼児の霊を対象として、豊富なお菓子が用意されていた。

## 賽の河原での祈り

パイプセレモニーの祈りが始まると、ビッグママが素晴らしく美しい声で歌い始めた。吉島さんに降りてきていたメッセージは、このことをいっていたことがわかった。ビッグママがフェイスブックに書いた記事から引用する。

**増田かおり**
**2017年10月9日**

大村憙子さんが風に舞う準備が整うと、私も席につき、いよいよ天外さんのパイプセレモニーが始まった。

天外さんがパイプにつめながら祈りの言葉を捧げていると、私の身体が静かに霊動を始める。

昨年の出雲の祈りでは、クナト姫という出雲神話よりずっと以前にこの地で虐殺されたお姫様が、私の身体を依り代にして、火炙りにされた苦しみや湧き上がる怨み、醜い我が身への呪い……が（表現され、それが）癒され、地の底から天に昇っていかれた。

（今年は、それとは違い）愛に包まれている安心感からか、到底自分の声と思えない歌声が、天外さんの祈りの言葉とハーモニーを始めた。

後からチャネラーの方から聞いてわかったことだが、私は女神にずっと護られていたようだ。そして、女神が私に歌うように、といわれたそうだ。

パイプセレモニー、口羽和尚のお施餓鬼、大いなる存在からのメッセージ、そして、命を生み出す喜びの大村さんの舞。

大村さんが、舞いながら賽の河原と波止場を繋ぐトンネルを駈けぬける姿を見ていると、向こうから光がさしてきて、天と地が繋がったような気がした。

（トンネルをくぐって）波止場に出て見ると、蘇りをしたように海がキラキラ輝いていた。

この時の私の祈りでは、まずクナト姫に呼び掛けた。

「クナト姫。どうか、この祈りの環に入って一緒に祈って欲しい。

いまから、あなた方を虐殺したサイドの人々の御霊に祈る。

彼らも、おそらく苦悩に満ちた人生を歩み、光の国へ帰りたくても帰れない状態で苦しんでいることだろう。
あなたにとって許しがたい相手かもしれないが、大いなる許しとともに、
彼らが光の国に帰れるように一緒に祈って欲しい……」

## 返礼の歌声

ここまで祈った時、突如としてとても美しい歌声が聞こえてきた。最初は、まさかビッグママが歌っているとは思わなかったので、本当に天上のクナト姫が返礼の歌を歌ったように感じた。でも、ビッグママの身体を借りてはいるが、これは明らかにクナト姫の返礼だ。クナト姫が、自分たちを虐殺したサイドの人たちの供養に協力してくれるというメッセージだったと思う。

祈っている間に、カングウン族が虐殺したサイドではないこと、族長のタカはむしろ殺されたサイドにいたことが直感的にわかった。当初は、虐殺した方の族長としてタカに祈ろうと考えていたのだが、急遽方針を変更し、タカの名前は祈りには出さなかった。

たしかに、異部族と一緒にいたクナト姫が虐殺されたとすると、虐殺したのはむしろ

クナト姫が元々属していた部族だったのかもしれない。冒頭のフィクションは、その推定のもとに書いた。

祈りの環の私の隣には、伊藤由美子さんに座ってもらっていた。吉島さんは、カメラを持って撮影しなければならず、祈りの場ではチャネリングはお願いできない。私自身は何も見えないので、見えない世界で何が起きているかを報告してくれる人がそばにいてほしかったからだ。伊藤由美子さんは、トンネルの中からおびただしい数の御霊が出て来て空に上がっていくのが見えたという。

冒頭のフィクションに即して想像をたくましくすると、昨年の祈りでオオババ様の3000年の封印が解け、クナト姫たちの御霊は上がっていった。だが、トンネルの中にはオオババ様の怒りのエネルギーが残っており、それが多くの怒りのエネルギーを引き付けて、大きな塊になっていた。それを、今回クナト姫の協力を得て、首尾よく上げることができた、というストーリーのような気がする。

つまり、「チャネリング情報in麻布」で降ろされた青森の宿川原と、まったく同じ霊的な構造が、この賽の河原にもあったのではなかろうか。

ベケレマツにしてもクナト姫にしても、トンネルができるはるか以前に処刑されている。にもかかわらず、処刑した方の怒りの怨念が、両方ともその後トンネルにこもっていたというのは興味深い。トンネルというのは、なぜか邪気が籠る構造なのだろうか。

ほら貝をふく口羽和尚

**特別な光**

私の祈りが終わった後、清水晶さんにも祈っていただいた。何者かに繋がって、チャネリングになった。

それから、口羽和尚のリードで全員が般若心経を唱える中で、パイプの回し喫み。

同時に麻風さんが巨大な旗を振って風の奉納をする中

トンネルの通路で舞う大村さん

で、大村憲子さんによる舞が始まった。狭い通路を巧みに使って、鬼気迫る奉納舞。私の座っている場所からは僅かしか見えない。席を立って見に行きたい衝動をかろうじてこらえた。

踊り終えた大村さんは、トンネルを勢いよく走り抜けて光の中に消えていった。その姿に鳥肌が立った。

帰りのトンネルは、見違えるように邪気がなくなっていた。船着き場には小さな祠があり、地蔵菩薩が祭ってある。

大幅に時間が超過している中、船頭さんにせかされて皆そそくさと船に乗ったが、伊藤由美子さんは何かに呼ばれたような気がして祠に引き返した。中の地蔵菩薩の表情が、行きに見た時とはまったく違って柔和になっていることにびっくりしたという。

「チャネリング情報in新橋」で、Ｔｙａ-Ｔｙａが、

「そこの洞窟みたいなところから帰るとき、外を見るとき、差し込む光というのは特別なものです、と。それはなんか、祝福であり、お礼のようなものらしいので、特別な波動の光だということなので、参加された皆さんは、それを味わってというか、感じてから出られるといいと思います」

といっていたのは、２０１６年の祈りの時にはわからなかったが、この２０１７年の祈りの後、潜戸の洞窟からトンネルを通って外に出た時に、全員が感じた。

# 6　分離している「母なる大地」

## 「分離」している文明人

近代文明人が「単なる無機質の土くれ」と思っている地面のことを、インディアンたちは「母なる大地（mother earth）」と呼ぶ。

私たち自身や、私たちの兄弟である動物、植物、鉱物などをすべて生み出してくれ、常に愛情を注いでくれる大地を、あらゆる生命の源とみなし（インディアンは鉱物も生命体とみなしている）、最大限の尊敬をこめて「母」と呼ぶのだ。

私たちは生まれた時に、母との絆の「へその緒」を無残にも切られてしまうのだが、その後は「呼吸」で「母なる大地」に繋がりなさい、という教えがインディアンにはある。吸う息で母なる大地の想いを受け取り、吐く息で自分の想いを母なる大地に伝えるのだそうだ。

最新の心理学でいう「バーストラウマ(母の子宮を追い出されたがために負ったトラウマ)」の概念が、インディアン・フィロソフィーの寓話の中に見事に息づいている。

母なる大地は、すべてを受容する。だから地縛霊たちも優しく抱き取ってくれる。ところが、地縛霊が存在すると、母なる大地は「分離」した状態になる。この後で詳しく説明するが、元々分離した生命エネルギーが、肉体が亡びた後も残ってしまうのが地縛霊だからだ。

もし、インディアンがいうように、私たち一人ひとりの日常生活が母なる大地に支えられているのだとすれば、母なる大地の「分離」と、私たち個人々々が「分離」の状態にあることは表裏一体ということになる。

いま、文明社会のほとんどの人々は「分離」の状態にあるが、それに気づく人はほとんんどいない。何故なら、周囲の人がほぼ全員「分離」しているので、それが異常、もしくは特別な状態だとは誰も思わないからだ。

## 「統合」の時代へ

しかしながら、若者を中心に「分離」を脱して「統合」に向かいつつある人が、少数ながら出てきた。おそらくこれは、人類の進化の方向だと思われる。

伝統派の先住民との付き合いのある人は、「統合」のレベルに達した長老に何人か出会った経験があるだろう（長老全員ではない）。

ある程度「統合」が進んだ人は、下記のような特徴がみられる。

### 「統合」が進んだ人の特徴

①むやみに「戦い」を仕掛けない。「戦い」は闘争だけでなく、立身出世のための戦い、名誉・名声・お金を得るための戦いも含む。

②むやみに「目標」や「夢」を設定して、それを追いかけない。

③むやみに「聖人」にあこがれない。
④むやみに「いい人」「強い人」のふりをしない。装わない。恰好つけない。
⑤自分の弱さや欠点をさらすことに抵抗感がない（常識的にはネガティブに見える側面も含めて自己受容している）。
⑥むやみに人を批判しない。
⑦むやみに「美しい物語」にあこがれない。むやみに理想を追わない。
⑧秩序のない混沌（カオス）の中にいても居心地の悪さを感じない。むやみに整理された秩序を求めない。
⑨むやみに「いい・悪い」の判断をしない。起きた出来事や結果、自分や他人の行為、自分や他人そのものなどに対して……。
⑩むやみに「正義・悪」の峻別をしない。自分や他人やお互いに対立をする人たち、あるいは組織、国家などに対して……。
⑪むやみに「正・誤」を判別しない。誤を切り捨てないで、その中に潜む叡智を探す。
⑫むやみに「コントロールしよう」とはしない。他人も自分も組織も世論も……。説得して他人の意見を変えようとはしない。

⑬自分とは異なる意見、思想、価値観、文化の人と一緒にいても居心地の悪さを感じない。

⑭他人の問題行為、わがままな行為、エゴむき出しの行為に対して、むやみに嫌悪感を抱かない。

⑮むやみに「自己顕示欲」むきだしの言動に走らない。自らの「自己顕示欲」の存在をしっかり把握している。

⑯自分自身、起きている出来事、他人との関係などを、客観的に遠くから見る視点を確保している。

⑰他人や社会が、自分や自分の言動をどう見るかを、むやみに気にしない。自分をまげて、他人や社会に無理々々合わせたり、おもねたりしない。常に自分自身であり続ける。

⑱むやみに過去を悔やまず、未来を思い煩わない。あらかじめ結果がどうなるかを気にせず、いかなる結果も受容する。

⑲自らを明け渡し、宇宙の流れに乗ることができる。傍から見ると、やたらに運が良いように見える。

一般には、目標をしっかり持って、それに向かってたゆまず努力をして達成していくことが推奨され、そういう人生を歩む人が称賛される。子どもたちには「夢を持て」という指導が一般的だ。社会的に成功し、財政的にも豊かになることが、ほとんどの人にとっての「成功した人生」だという認識がある。成功のための指導書が山のように刊行されている。

しかしながら、これらは全部「分離」が激しい、いまの社会における常識だ。ほとんどの人が、それを信じている。ところがいま、これらの常識が少しずつ崩れようとしている。社会が徐々に「統合」の時代に移行しつつあるからだ。

## 「分離社会」と「統合社会」

ひとことでいえば、「分離の人生」は「戦いの人生」であり、「分離社会」は「争いと競争の社会」だ。「戦いの人生」では、競争に勝つことが成功であり、上昇志向が強い。「分離」のエネルギーを「戦い」のエネルギーに昇華して、社会の中でのし上がろうとする。全員の活性度、運動量が大きいので、社会は熱く、活性化している。国でいえば、GDPはどんどん上がっていくだろう。

それに対して、「統合の人生」は「自然や宇宙に溶け込んでいく人生」だし、「統合社会」は「感謝と融和の社会」だ。人々の上昇志向が低いので、社会は不活性になる。国のGDPはむしろ低迷するはずだ。

最近の若者は上昇志向が極端に低いことは、多くの人が気付いているだろう。それを物足りなく思う老人も多く、「覇気がない」という非難もよく聞く。だが、上記の視点からは、この若者の傾向はむしろ人類の進化のあらわれなのかもしれない。


人類は、ホモサピエンスが生まれた20万年ほど前から、ほぼ「分離社会」を継続してきた。縄文時代を理想化する人もいるが、「日本列島祈りの旅」を続けていると、古代といえどもすさまじい戦いの痕跡に遭遇する。「分離社会」の比率が結構高かったのではなかろうか。

インディアンの場合には、『一万年の旅路・ネイティブ・アメリカンの口承史』（ポーラ・アンダーウッド著、星川淳訳、翔泳社）を読むと、天変地異で住めなくなって、いまの日本付近からベーリング海峡（当時は陸橋）を渡ってアメリカ大陸に渡っていった一族の壮大な物語が詳しく書かれている。この一族は、確かに「戦いや争いのない社会」を運営していた。だが、アメリカ大陸には好戦的な部族が多く、一族を二つに分けて、一方は「戦士＝分離」を育て、一方は「平和の守り手＝統合」を育てる、という高度の戦略を実行したことが語られている。「戦士」を育てないと、戦いに負けて部族が亡びてしまうからだ。

何千年か前のインディアン社会が、考えようによっては近代文明社会よりも人間心理に関する理解が進んでいたのではないかと想像されるエピソードだ。というのは、このとき、どうすれば「戦士」が育つか、どうすれば「平和の守り手」が育つか、彼らにはわかっていたということ。いま、この問題に正確に答えられる人が、文明社会にどれだけいるだろうか？

## 「平和の守り手」を育てる

種明かしをすると、生まれてすぐに母子分離をすると、独立心が強く闘争心が旺盛な「戦士」が育つし、母子べったりで猫可愛がりをすれば（正確にいえば、しっかりと〝無条件の受容〟をすれば）、「平和の守り手」が育つ（J・ボウルビィのアタッチメント理論など……）。これは、最新の深層心理学がようやく明らかにした事実だが、太古の昔からインディアンは知っていたことになる。おそらく、上記で述べたように、「バーストラウマ」に関する概念がしっかり根付いていていたからだろう。

インディアンの口承史によれば、「平和の守り手」を育てるという伝統は、驚いたことに、何千年もの間継承され、その人たちはインディアン社会ではとても尊重され、部族間の紛争の処理などで大いに活躍したという。

12世紀に、そのうちの一人、ピースメーカー(デガダウィダ)が、争いの激しかったイロコイ五部族(オノンダーカ族、モホーク族、セネカ族、オナイダ族、カユーガ族)を平和に導いた。そしてホワイトパインの大樹の根元にトマホーク(手斧)などのあらゆる武器を埋め、117項目の「大いなる平和の法」が制定された。そして世界でも類のない、精妙な直接民主制による社会統治が実践されてきた。以来、「トマホークを埋める」という言葉が和平合意を表現し、「ホワイトパイン」が平和の象徴となった。

1776年の独立宣言からはじまるアメリカの建国は、イロコイ社会から「人民主権、基本的平等、言論の自由、文民統制、三権分立、独立性の高い州からなる連邦制、二院制、大統領制」などなど、きわめて多くの概念や社会体制を借用した。鷲が13本の矢を掴んでいるアメリカの国章もデッドコピーだ（独立時、州の数は13、イロコイ五部族のシンボルでは矢の数は5本）。アメリカ合衆国憲法は、「大いなる平和の法」がベースになっている。これらの内容は、『アメリカ建国とイロコイ民主制』（D・A・グリンデJr、B・E・ジョハンセン共著、星川淳訳、みすず書房）という学術書に詳しい。ほとんど世の中では知られていないが、近代民主主義のベースは、イロコイ五部族の「平和の守り手」たちの智慧だったといっても言い過ぎではない（拙著『GNHへ：ポスト資本主義の生き方とニッポン』ビジネス社）。

## 「戦士」を育成する教育

さて、子どもの教育に話を戻そう。

この視点で見ると、いまの近代文明社会では、学校教育も家庭教育も、どちらかというと「戦士」の育成を志向している。これは、近代の初期には、「戦士」を育てないと列強の植民地にされてしまう時代があったことの名残だろう。

日本の場合には、第二次世界大戦の後、一面廃墟の中からの復興が最優先であり、やはり「戦士」を育てる必要性があった。

人々は無意識のうちに「戦士を育てる教育」を採用した。それは功を奏し、日本は短期間のうちに戦勝国のイギリス、フランスを抜いて世界第二位の経済大国にのし上がった。私自身も、若いころには「猛烈企業戦士」として、日本の経済発展に貢献してきた。

だがいまや、列強の植民地にされる危険性はほとんどなく、国の最大の課題は「富国強兵」でも「経済成長」でもなくなり、社会が「戦士」をあまり求めなくなってきた。その背景のもとに、日本社会は世界の中でも先頭を切って「分離」から「統合」へ向かっている。とくに、2011年3月11日の大災害以降、自らを見つめ「統合」へ向かう人が増えている。

日本の公教育は、相変わらず明治以来の「戦士の教育」を踏襲しているが、それにもかかわらず、上記の社会的風潮を受けて、「分離」から「統合」に向かう若者が増えてきた。それが、「最近の若者は覇気がない」という老人の嘆きに繋がっている。だが嘆くには及ばない。実態は、「平和の守り手」の比率が上がっているとも考えられる。

進化した人類であるいまの子どもたちは、旧来の「戦士の教育」にはなじめない。だから、不登校がすさまじい勢いで増えている。

# 7　死は最高の癒しなのだが……

## 分離された生命エネルギー「モンスター」

さてそれでは、「分離」とは、いったい何がわかれているのだろうか。それが「統合」されるとはどういうことなのだろうか。

母子分離により「戦士」が育つということは、「分離」のベースのひとつにバーストラウマがあることを示唆しているが、それ以外の要素もある。

『祈りの旅1』から再掲したい。

ユングは精神的な病の治療後、患者が〝一段と高い意識レベルに着地している〟ことが理想だと述べている。私流に表現すると、〝症状が消えるだけでなく、「分離」が解消して「統合」に向かう〟ことが理想だ、となる。（同書168ページ）

深層心理学では、人は無意識レベルに多くのモンスターを抱えている、と説いている。種族の繁栄も含めて、生命の継続と維持が脅かされたことに起因する主なモンスターは‥

①抑圧された「死の恐怖」
②バース・トラウマ……子宮を強制的に追い出されたトラウマ（オットー・ランク）
③リビドー……抑圧された「性欲」のエネルギー（ジークムント・フロイト）

などが知られている。

これらは、それぞれの心理学者が勝手に別々に命名しているが、ひとつのまとまったエネルギーだと見なすこともできる。

強いて命名すれば「分離された生命エネルギー」といえる。本来の生命エネルギー（気功でいう「精」、西洋哲学でいう「エロス」）の一部が、やむにやまれぬ様々な事情で抑圧され、分離した状態だと私は考えている。（同書170〜171ページ）

「親に無視された」「両親は男の子を望んでいたのに女として生まれてしまった」などのつらい幼児体験を経て、この「分離された生命エネルギー」にラベルが貼られる。

主なラベルは、

①私には価値（能力）がない

②私は愛されていない（世界には愛はない）

③私は独りぼっちだ（どうせ皆離れていく）

④私は生まれてきてはいけなかった存在だ（決定的に何かが欠けている）

などだ。これらを、天外塾の講師もお願いしているソーシャルテクノロジー（人と組織の覚醒と進化の手法）の第一人者、由佐美加子は「メンタルモデル」と呼んでいる。

この四つの大きなラベルの延長上に、認知行動療法で問題にされる症状に直結する、より具体的な「誤った信念」がラベルとして育ってくる。認知行動療法では、その信念は誤りなのだから、ラベルを引っぺがせば終わりとする。

それに対して由佐美加子は、これは自分本来のエネルギーなのだという認識のもとに、否定しないで「統合」に向かうことを指導している。ユングがいう〝一段と高い意識レベルへの着地〟を具体化しているのだ。（同書171～172ページ）

## 否定的なメンタルモデルが人生を支配する

上記のメンタルモデルは、人間にとってOS（基本ソフト）のようなものであり、そのOSの上ですべての言動が規定されている。

メンタルモデルが積極的に何かをコントロールするわけではないが、本人が自らのメンタルモデルをそのまま直に見ることは耐えがたいので、誰しもが反射的に見ないようにし、回避行動に邁進するという形で人生を制御する。

回避には「逃避」と「克服」の二つの方向がある。「逃避」の方向に行くとメンタルの病、あるいは不活性になって引き籠りの方向に行く。

ボクシングなどで、よく「ハングリー精神」が問題にされる。幼児期に貧困や辛い環境の中で育った人が強くなる、という意味だ。葛藤（分離）のエネルギーを「戦いのエネルギー」に昇華しているわけであり、「分離」が激しいほどボクシングは強い、という傾向がある。

これが、「逃避」とは反対方向の「克服」の方向に行く回避行動の例だ。ボクシングだけでなく、一般的に葛藤を「戦いのエネルギー」に昇華して社会の中でのし上がっていく人生になる。葛藤が強く、激しく「分離」している人たちがのし上がっていくので、いまの社会は、そういう人たちが上層部を占めている。

「戦いのエネルギー」は、「不安」と「怖れ」に駆動されている。否定的なメンタルモデルを抑圧し、何とかそこから逃れようと行動しているからだ。

たとえば、「価値がない」というメンタルモデルの人は、社会の中で自らが価値ある存在であることを証明しようと懸命に努力する。結果として、社会的に成功する人は多い。いままでは、「それでよし」とされてきたし、世の中の成功哲学はそれを推奨してきた。

葛藤や「分離」が悪いといっているわけではない。それらは、多くの社会的な成功者を生んできたし、いまの社会が活性化している原動力だし、文明の進化の源だ。いまの社会は、「分離のエネルギー」で回っている、といっても言い過ぎではない。でも同時に、「分離」のおかげで激しい競争社会、争いの多い社会になっていることも否めない。

メンタルモデルは、自分ではとても受け入れることができない否定的な表現になるが、その大元は自らの生命エネルギーの一部だ。切り離して捨てようとしても無理だし、そこからいくら逃げようと外部に働きかけても、自分の中からなくなるものではない。

たとえ社会的な評価が得られたとしても、自己顕示欲は満たされるかもしれないが、相変わらず否定的なエネルギーから湧き上がってくる「不安」と「怖れ」にさいなまれ、それに追われて次なる目標を見つけて戦いに没頭する人生となる。死ぬまで「不安」と「怖れ」から逃れられない。戦っているうちに首尾よく死ねればいいのだが、年老いたり、病気になったりして戦えなくなると悲惨な人生になる。これが「分離」という状態であり、「戦いの人生」だ。

『祈りの旅1』でも書いたが、私自身、30歳代で「CD（コンパクト・ディスク）の発明者」として、エンジニアとしてはこれ以上ないと思われるほどの社会的な成功を収めた。ところが「不安」と「怖れ」は一向になくならず、さらなる成果を上げなくてはいけない、という焦燥感に駆られていた。つまり、社会的成功は一切自分の人生を支えてはくれないことを、若くして思い知らされたのだ。

私の場合には、インディアンの長老との出会いや瞑想の実習などを通じて、会社の価値観から離れ、少しずつ「統合」へ向かうことができた。

## モンスターと付き合う

「統合」という概念を理解するためには、深層心理学の助けを借りると容易かもしれない。フロイトは、私たちが認知することができない潜在意識の働きを発見して、それを「無意識（un-consciousness）」と呼び、そこから深層心理学が始まった。彼が発見したのは「リビドー＝抑圧された性欲エネルギー」だけだったが、その後、人間の無意識には様々なモンスターが潜んでいることが発見された。

その主なものを次ページの図に示す。先に説明した三匹のモンスター（①抑圧された「死の恐怖」、②バース・トラウマ、③リビドー。184ページ参照）以外に、二匹のモンスター、トラウマとシャドーがある。

トラウマというのは、一般によく知られているように、耐えがたい辛い体験が抑圧されてモンスター化していることをいう。

シャドーというのは、あってはいけないと自ら（意識的または無意識的に）抑圧した部分人格や衝動が積もり積もってモンスター化したものだ。

## 無意識層に巣くうモンスターたち

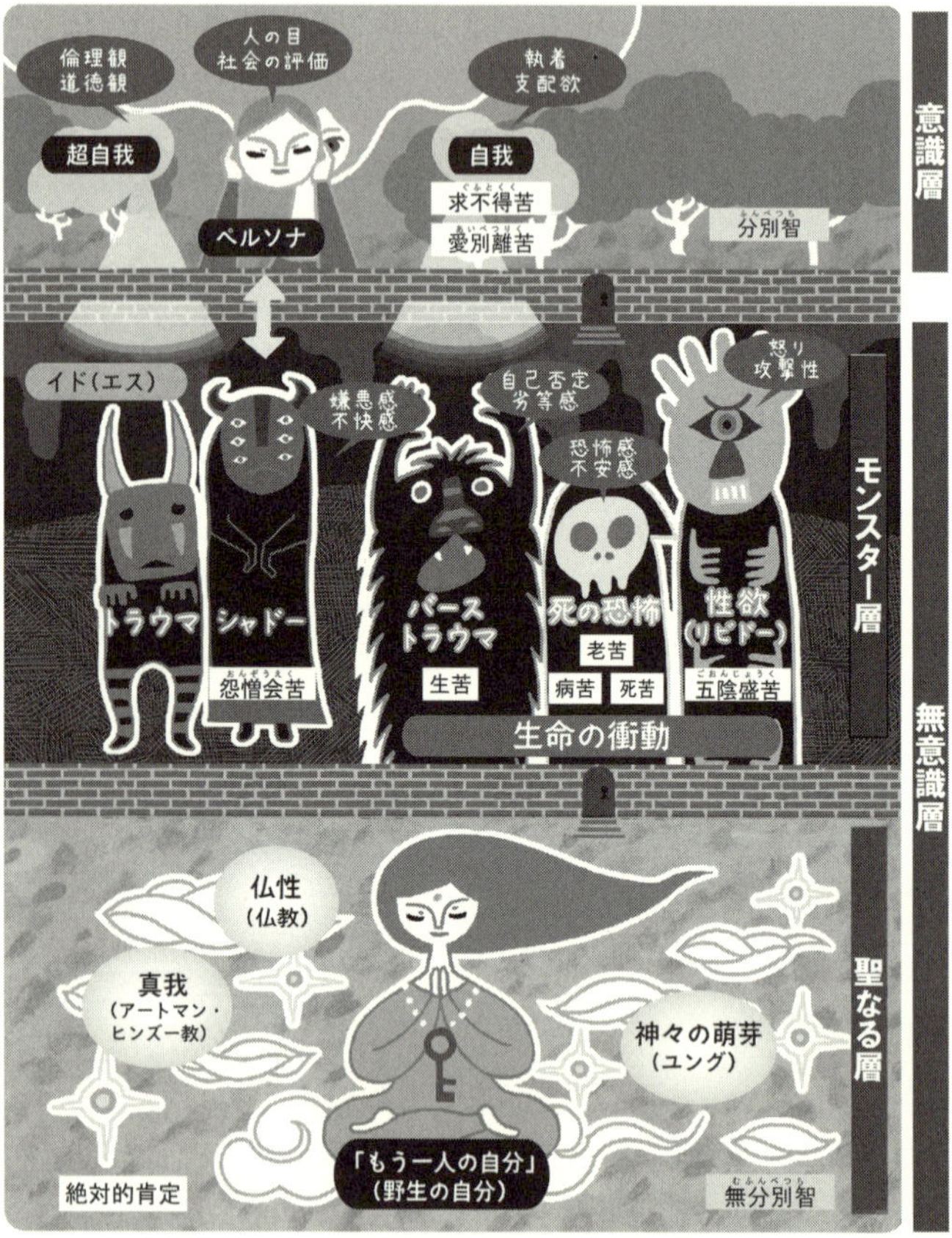


モンスター図(拙著『問題解決のための瞑想法』マキノ出版より)

フロイトはリビドーだけで人間のすべての精神活動を説明しようとしたが(性欲一元説)、ユングは、人間の無意識の深層には「神々の萌芽」が眠っていると主張して、フロイトと大論争の末に決別した。

「神々の萌芽」というのは、ヒンズー教でいう「真我(アートマン)」と、ほぼ同じ概念だ。仏教では「我」という概念が否定されているので(無我)、その性質だけを取り上げて「仏性(誰でも持っている仏になる種子)」と呼んでいる。これらは、肉体を持ったがための衝動、食欲や性欲は除いて考えている。

しかしながら、食欲も性欲も抑圧してモンスター化する前は健全な個体保存本能、種族保存本能であり、私はそれらも含めて「もうひとりの自分(野生の自分)」と呼ぶことにした。抑圧して「分離」が起きる前の自然な自分のことだ。

あらゆる衝動は、抑圧して、あたかも存在していないことにしようとするから「無意識」レベルに逃げ込んで巨大なモンスターに変身することが知られている。つまり、モンスターというのは「分離」の象徴だ。「分離のエネルギー」「葛藤のエネルギー」という代わりに「モンスターのエネルギー」といっても同じことだ。

繰り返しになるが、いまの近代文明社会では、ほとんどの人が「モンスターのエネルギー」を駆動力として人生を渡っている。それが「戦いの人生」だ。

モンスターが激しく活動していると、その下にいる「もうひとりの自分(野生の自分、真我)」は眠っている。葛藤を解消するワークなどで、モンスターたちが少しおとなしくなると「もうひとりの自分(真我)」が目を覚ます。真我(もうひとりの自分)のエネルギーは、モンスターのエネルギーほどには粗く激しくはないが、慈愛に満ち、静かな底力を秘めている。

「分離」から「統合」に向かうということは、「モンスターのエネルギー」に駆動されて走ってきた人生から、「もうひとりの自分(真我)のエネルギー」を少しずつ使えるようになることだ。具体的に統合に向かう手法は、「モンスターがおとなしくなるための手法」と「もうひとりの自分(真我)が目覚めるための手法」にわかれる。古今東西、あらゆる宗教の修行は、それらを目指してきた。

## フロー経営ができるためには……

私は、2005年から経営者のための「天外塾」を開催してきた。具体的には、担当者にすべてをまかせることにより奇跡が起きる「フロー経営」をお伝えしてきた。創業期のソニーがひとつのモデルであり、チクセントミハイという心理学者による「フロー理論」が背景にある。

当初は、「フロー経営」とは何かを「フロー理論」を含めて論理的にお伝えしていたが、それでは誰も「フロー経営」ができないことがよくわかった。そして、経営者は一般の人に比べて葛藤が強いこと、ほとんどの人が「分離のエネルギー」で経営していることがよくわかった。「分離」が激しいと、自分が先頭に立って戦っていないと精神が不安定になる。だから、まかせる経営は金輪際できない。

「まかせる」というトライアルをやると、当初は「まかせてうまくいかない怖れ」が出てくる。失敗して責任だけ自分がとらされるのはかなわない、というのだ。

瞑想ワークなどで、少しずつ葛藤が解消されてくると、今度は「まかせてうまくいってしまったら大変だ」という以前とは正反対の怖れが出てくる。自分の関与なしでうまくいってしまうと、自分の存在価値が脅かされるという怖れだ。自分の存在価値を、社会の中で証明しようと生きてきたので、これは耐え難い。これがその人の人生を支配してきた、より本質的な怖れだ。この段階で、ようやく「分離」していた、自己否定をベースにしている本来のメンタルモデルにアクセスが可能になり、「統合」に向かって一歩踏み出すことができる。

「天外塾」はいつの間にか、「分離」から「統合」への変容をお手伝いする塾になってきた。経営塾から、生き方塾への変容だ。

## 死と向き合う医療

私は22年にわたって、病院をなくす、という極端な医療改革に取り組んでいる。病気になったら治してもらう「病院」にかわり、病気にならないようにケアをし、もし病気になったら治療だけでなく患者の「意識の変容」をサポートする「ホロトロピック・センター」という概念を提案している。病気になると「死と直面」できるので、上記の「抑圧された死の恐怖」のモンスターの支配から逃れるチャンスが来る。それを密かに医療者がサポートしようという、かなりややこしい医療改革だ。

これも、患者が「分離」から「統合」に向かうことをお手伝いすることになる。

ただ、患者の意識の変容をサポートしたからといって、保険の点数が付くわけでなく、密かにサポートするので患者にもいえず宣伝にも使えない。つまり、医療者にとって、実利的なメリットは何一つない。結局、医療者側が十分に意識の変容を遂げていないと、こんな話にはのってこられない。おまけに、患者の意識の変容をサポートするなどということは医学部でも習っていない。

そこで、ハワイで引退生活を送っていた伝説のセラピスト、吉福伸逸氏（2013年に逝去）を引っ張り出して、2003年から2009年まで年に二回、最新のサイコセラピーのワークショップを開いていただいた。

吉福さんが、何度も「死は最高の癒しだ」というのを聞いていたが、当時はそれが何を意味するのかわからなかった。

ところが医療改革の仲間内の女医さんが、「心残り（unfinished work）があると人は死ねない」ということを発見して報告してくれた。

医学的にもスピリチュアル的にも当然死ぬべき時が来ているにもかかわらず、死ねなくて患者も苦しむことがある。そういうときに、吉福ワークで教わった手法により、患者の心残りをほどいてやると、あっさり死ぬというのだ。これは、家族には内緒でやらなければいけない。

このことから、「死は最高の癒しだ」ということがようやく呑み込めた。人間は、自然死の場合には、「統合」を成し遂げて、はじめて死ねるのだ。たしかに、死の1、2日前に患者が何ともいえないほど透明感が出てくることは頻繁に経験している。あれが、「統合」であり、「究極の癒し」なのだ。

ところが、怨念が強すぎる場合、あるいは自然死ではない場合、虐殺された場合などでは「統合」できないまま肉体が亡びることがある。そのとき、肉体を失った「分離のエネルギー」が、おそらく地縛霊として漂うのだろう。

地縛霊を供養するということは、「分離」の状態にある死者が「統合」へ向かうお手伝いをする、ということのようだ。

結局私がいままで天外伺朗としてやってきた、医療改革、教育改革、天外塾などは、生きている人たちが「分離」から「統合」に向かえるようにお手伝いすることだし、本書で扱っている「日本列島祈りの旅」は、「母なる大地」あるいは死者たちの「分離」を「統合」していくお手伝いであることがわかった。

# エピローグ

２０１８年５月６日、東京の日比谷図書文化会館で前拙著『日本列島祈りの旅１ 先住民の叡智を学び、アイヌの英雄シャクシャインの御霊の封印を解く』の出版記念の集いが催された。「祈りの旅」の祈り人である、アイヌの女性長老、アシリ・レラさん、真言宗の口羽和尚のほか、「祈りの旅」の終着駅と想定している久高島のノロ（琉球王朝に仕える資格を持ったシャーマン）真栄田苗さんをはじめ、記録映画担当の吉岡監督、きっかけになったヴィジョン・クエストをご一緒した船戸崇史医師、藤田桂子さん、不食の弁護士秋山佳胤さん、などなど豪華メンバーが参加。記録映画のトレイラーの上映もあり、満員の会場が大いに盛り上がった。

この集いは、じつは単なる出版記念ではなく、深い意味が込められていた。

『祈りの旅1』で書いたが、２０１４年に剣山山頂におけるパイプセレモニーで啓示を受け、２０１６年から「日本列島祈りの旅」をスタートさせると宣言し、２０１５年４月にそのキックオフの集いを企画した。北海道から始まって久高島で終わるという計画から、アシリ・レラさんと真栄田苗さんをお呼びした。ところが、アシリ・レラさんは病に倒れ、真栄田苗さんは急遽祈りのイベントが入って来られなくなってしまった。結局、このキックオフの集いは開催

「出版記念の集い」パネルディスカッション　右から、天外、口羽和尚、真栄田苗、秋山弁護士（敬称略）

できなかった。こんなことはめったにない。

私は、目に見えない世界で「祈りの旅」に抵抗する勢力があることを確信した。いまの皇室につながる大和王朝とアイヌ民族の戦いは５０００年以上続いたわけであり、しかも戦いに勝った大和王朝側が、その虐殺の歴史を厳重に隠蔽してきており、簡単に蓋が開くとは期待しない方がいいだろう。もう現実世界は、民族間の戦いの時代ではなくなっているのだが、目に見えない世界では、まだまだ重い５０００年の歴史を引きずっていることは充分に想定できる。

私はひとり、インディアン流の祈りを捧げた。直接的に抵抗勢力に祈るのではなく、「祈りの旅」をさせていただく感謝の祈りだ。結果として、２０１６年の「祈りの旅」はうまくいき、シャクシャインや越後庄太夫の御霊は３１７年ぶりに上がっていった。抵抗勢力側からの「祈りの旅」に対するお許しが出たように思えた。

２０１８年５月６日の出版記念の集いは、そのお許しを確認するために、あえてキックオフの時と同じ構成で企画した。この集いが大成功に終わったということは、抵抗勢力側も「祈りの旅」に加わってくれたように感じている。

「祈りの旅」は、私やアシリ・レラさんの世代を超えて引き継がれ、何十年も続くことを願っている。そうしないと日本中にある、おびただしい数の封印を解くことは到底できない。私たちが出会うことがない、はるかな後輩たちにも情報が伝わり、隠されてきた歴史が明らかになるように記録映画を撮影している。

日本列島全体の「分離」が解消され、その上に住む人々が「統合」に向かえば、世界全体の中でのこの国の役割が明らかになっていくだろう。それは、いままでのように軍事力や経済力で覇権を争うのではなく、「統合」による「融和力」で世界中の争いごとを溶かしていく存在になることだ。それはまさに、日本全体が「平和の守り手」になることであり、12世紀のアメリカで、ピースメーカーがイロコイ五部族を平和に導いて、今日の民主主義の基礎を築いたことに類似している。それから約1000年が経過しているが、民主主義の次の社会システムも同時に提案することになるだろう。

パネルディスカッション　右からアシリ・レラ、船戸崇史、吉岡監督、藤田桂子（敬称略）

この細長い日本列島に住む人たちは、十分にその役割を担うポテンシャルを持っている。真の世界平和というのは、この方向で達成できると私は信じている。
それが、いつになるかはわからぬが、その時には私自身はこの世におらず、目に見えない存在として皆様をサポートする立場になっていることは、まず間違いないだろう。

チャネリングによれば、「日本列島祈りの旅」全体の「かなめ」にあたるのが、本書に記した2016年、2017年の「クナト姫」とその一族に関する祈りだという。それが、大変うまくいったということは、今後のスムースな展開へつながると期待される。その喜びとともに本書を皆様にお届けできることに感謝する。
本書は、チャネリング情報が中心であり、すべての出発点になった。その大部分を提供してくれたTya-Tyaに、心から感謝する。また、祈り手の口羽和尚さん、旅を主催し、シャーマン役も担当していただいたビッグママ(増田かおりさん)、素晴らしい舞を奉納していただいた大村憲子さん、チャネリング情報を降ろしていただいた吉島陽子さん、伊藤由美子さん、写真をご提供いただいた近清武さんなどにも深謝する。「日本列島祈りの旅」は、とても多くの人々のサポートの上に成り立っている。そのすべての方々に深謝する。

2018年　秋

天外伺朗

## 日本列島祈りの旅クロニクル

| | | |
|---|---|---|
| 1987 | 1巻 | アメリカでインディアンの伝統的儀式が解禁されたとされる<br>ワークステーションNEWS発売 |
| 1988 | | |
| 1989 | | |
| 1990 | | |
| 1991 | | トム・ダストウ、北海道を訪れる |
| 1992 | | |
| 1993 | | |
| 1994 | | トムら「アメリカ大陸横断祈りの旅」 |
| 1995 | | 1月17日（阪神・淡路大震災） |
| 1996 | | 2月 直感力研究会で講演<br>永六輔さんと対談 |
| 1997 | | **マハーサマディ研究会**発足<br>8月 第4回**フナイ・オープン・ワールド** |
| 1998 | | 5月 セクオイヤ・トゥルーブラッドと出会う（ボストン）<br>10月 ミシェル・オダンと東北地方講演旅行 |

| | | | |
|---|---|---|---|
| 1999 | 1巻 | | 瞑想センターの土地購入（三浦半島） |
| | | | 初代AIBO発売 |
| | | 10月 | セドナツアー下見 |
| 2000 | | 1月 | **セドナツアー**（アリゾナ州） |
| | | 8月 | **サンダンス**（ミネソタ州パイプストーン）、聖なるパイプ拝領 |
| | | 9月2日 | 第7回**フナイ・オープン・ワールド** |
| | | 9月9・10日 | **スウェットロッジ**（三浦半島） |
| 2000 | | | 広島原爆の火を掲げたピースウォーク |
| | | 9月23日 | **スウェットロッジ2回目**（三浦半島） |
| | | 11月 | ロボット博覧会ROBODEX開催 |
| 2001 | | | |
| 2002 | | | |
| 2003 | | | |
| 2004 | | 8月 | **サークル・オブ・ネイションズ**（カナダ・ケベック州マニワキ） |
| 2005 | | | |
| 2006 | | 5月 | 土井利忠、ソニー退職 |
| | | 7月 | 生前葬。以降、天外伺朗として生きる |
| 2007 | | | |
| 2008 | | | |

| 年 | 巻 | 月日 | 出来事 |
|---|---|---|---|
| 2009 | 1巻 | | |
| 2010 | 1巻 | | |
| 2011 | 1巻 | 3月11日 | （東日本大震災） |
| | | 8月 | ウィリアム・コマンダ大長老逝去 |
| | | | 白山比咩神社に参拝（石川県） |
| | | 12月 | ヴィジョン・クエスト下見 |
| 2012 | 1巻 | 5月3〜5日 | **ヴィジョン・クエスト**（岐阜県洞戸） |
| 2013 | 1巻 | | |
| 2014 | 1巻 | 5月24日 | **剣山でのパイプセレモニー**（徳島県） |
| 2015 | 1巻 | 4月 | **日本列島祈りの旅キックオフの会が中止になる** |
| | | 5月30・31日 | **出雲ツアー**（島根県） |
| 2016 | 1巻・2巻 | 5月28・29日 | **日本列島祈りの旅**（北海道日高地方のアイヌの聖地を巡る） |
| | | 10月8・9日 | **日本列島祈りの旅**（島根県潜戸） |
| 2017 | 2巻 | 5月20〜22日 | **日本列島祈りの旅**（東北・青森縄文の聖地を巡る） |
| | | 10月7日 | **日本列島祈りの旅**（島根県潜戸） |
| 2018 | | 5月19〜21日 | **日本列島祈りの旅**（東北・岩手縄文の聖地を巡る） |
| 2019 | | 5月11〜13日 | **日本列島祈りの旅**（北海道函館近辺の聖地を巡る） |

## 記録映画を製作しています

歴史は常に争いに勝った者が自らを正統化し書き換えていきます。敗れた民族・人々の歴史は一部で口承等により伝えられることはあっても、長年にわたって封印されることになります。

日本列島各地に住んでいたアイヌは、大和民族によって北海道へ追いやられていきました。これはアイヌに限ったことではないでしょう。その痕跡は日本の各地に残されています。

2010年代半ば、私たちは、封印された御霊《みたま》に祈りをささげる日本列島祈りの旅をスタートさせました。

2015年5月　神秘の国出雲ツアー
2016年5月　北海道日高地方のアイヌの聖地を巡る
　　　10月　出雲・潜戸での祈り
2017年5月　東北・青森縄文の聖地を巡る

**日本列島祈りの旅への参加お申し込み**

日本列島祈りの旅はどなたでもご参加できます。旅の日程や申し込み方法、ホロトロピック・ネットワークへのご支援に関しては、ホロトロピック・ネットワークのホームページから、「祈りの旅」のページをご覧ください。

ホロトロピック・ネットワーク
QRコード

http://holotropicnetwork.wixsite.com/network

10月　出雲・潜戸での祈り
2018年5月　東北・岩手縄文の聖地を巡る
2019年5月　北海道函館の聖地を巡る〔予定〕

封印は日本中くまなくあり、私たちの世代だけで完結することはできません。

この全国各地へのフィールドワークを世代を超えて継続していくために、当初より吉岡敏朗監督による撮影を続け、記録映画を製作しています。

皆さまも、日本列島祈りの旅とその記録映画づくりにご一緒しませんか。また、ホロトロピック・ネットワークへのご支援もいただければ幸いです。

一緒に歴史を紐解き、後世に伝えてまいりましょう。

ホロトロピック・ネットワーク
代表　天外伺朗

青森の旅での撮影
吉岡敏朗監督　1956年、島根県生まれ。日本大学芸術学部卒。「遠野物語」「鉄道の記憶」「笑顔の道しるべ」「つ・む・ぐ」「麻てらす」ほか。

## 日本列島祈りの旅の取り組みに賛同します

**アシリ・レラ**　和名：山道康子。アイヌ学校、アノイ学校主宰、ユーカリの語り部

**口羽秀典**　高野山真言宗吉祥山延命寺住職、江の川鮭の会理事長

**秋山佳胤**　弁護士、医学博士

**大久保直政**　NGO仙台テンメイ代表、中山歯科医院院長

**大野百合子**　作家、心理療法家、翻訳家、精神世界などの通訳＆講師

**大村憲子**　ジャズダンス、前衛的舞踏、よさこいなど指導の舞踏家

**加藤登紀子**　歌手

**桐島洋子**　作家

**佐藤青児**　医療法人青清会理事長、さとう式リンパケア開発者

**亭田歩**　ドキメンタリー映像作家

**中森じゅあん**　算命学者、エッセイスト、バイオシンセス・ボディサイコセラピスト

**西谷雅史**　響きの杜クリニック医院長

**船戸崇史**　船戸クリニック医院長

**矢山俊彦**　Y・H・C・矢山クリニック理事長、バイオレゾナンス医学会理事長

**湯川れい子**　音楽評論家、作詞家、作詞家協会会長

**秋山佳胤さんからのメッセージ**

私たちの生命を育んでいる地球、そしてその地球に祈りを捧げてきた先住民のことを知り、感謝し、祈ることはとても大切なことです。それは地球への祈りであり、私たちへの祈りであり、未来の子どもたちへの祈りでもあります。私たちの思いを後世の方々にしっかり伝えるご活動、ご尽力を心から応援致します。

◆著　者……………………………………………………

**天外伺朗**　Shiroh Tenge

本名、土井利忠。工学博士（東北大学）、名誉博士（エジンバラ大学）。1964年、東京工業大学電子工学科卒業後、42年間㈱ソニーに勤務。「CD」、ワークステーション「NEWS」、犬型ロボット「AIBO」などの開発を主導した。上席常務を経て「ソニー・インテリジェンス・ダイナミクス研究所㈱」所長兼社長などを歴任。現在はホロトロピック・ネットワークを主宰、医療改革、教育改革に取り組み、瞑想や断食を指導。また、ホワイト企業大賞企画委員長として日本の産業界のレベルアップを推進（2018年度は5年目）。「天外塾」という経営塾（人間塾）も主宰している。著書に、『運命の法則』（飛鳥新社）、『宇宙の根っこにつながる生き方』（サンマーク出版）、『問題解決のための瞑想法』（マキノ出版）、『日本列島祈りの旅1』（ナチュラルスピリット）ほか多数。

ホロトロピック・ネットワーク（医療改革、教育改革、瞑想、断食）
03-6315-2533、070-2209-3128
info@holotropic.net.org
http://holotropicnetwork.wixsite.com/network

㈱オフィスJK（天外塾関係）
080-4186-4117
officejk@onyx.ocn.ne.jp
http://www.officejk.jp/

ホワイト企業大賞
090-2225-7765
info@whitecompany.jp
http://whitecompany.jp/

日本列島祈りの旅 2
クナト姫物語

●

2018 年 11 月 23 日　初版発行

著者 / 天外伺朗

編集・DTP/ 来馬里美

発行者 / 今井博揮

発行所 / 株式会社ナチュラルスピリット

〒 101-0051 東京都千代田区神田神保町 3-2 高橋ビル 2 階
TEL 03-6450-5938　FAX 03-6450-5978
E-mail info@naturalspirit.co.jp
ホームページ http://www.naturalspirit.co.jp/

印刷所 / シナノ印刷株式会社


ISBN 978-4-86451-283-1 C0014